Frank-Walter Steinmeier

FLUGSCHREIBER

Frank-Walter Steinmeier

FLUGSCHREIBER

Notizen aus der Außenpolitik
in Krisenzeiten

Propyläen

Bildnachweis

Auswärtiges Amt: S. 223.
Florian Gärtner / photothek.net: S. 94 (unten).
Michael Gottschalk / photothek.net: S. 161 (oben / unten).
Ute Grabowsky / photothek.net: S. 117, S. 118 (unten), S. 183.
Thomas Imo / photothek.net: S. 27, S. 49 (unten), S. 71 (oben / unten), S. 142 (oben), S. 204 (unten), S. 205.
Liesa Johannssen / photothek.net: S. 94 (oben).
Thomas Köhler / photothek.net: S. 11, S. 26 (oben), S. 49 (oben), S. 50 (oben / unten), S. 118 (oben), S. 142 (unten), S. 160, S. 204 (oben).
Wolfgang Silbermann: S. 26 (unten).
Thomas Trutschel / photothek.net: S. 72 (oben / unten), S. 93, S. 143 (oben / unten), S. 184 (oben / unten), S. 222 (oben / unten).

FSC www.fsc.org
MIX
Papier aus verantwortungsvollen Quellen
FSC® C083411

Propyläen ist ein Verlag der Ullstein Buchverlage GmbH
www.propylaeen-verlag.de

ISBN 978-3-549-07481-7

Gesetzt aus der Minion bei
LVD GmbH, Berlin
Druck und Bindearbeiten: CPI books GmbH, Ulm
Printed in Germany

INHALT

VORWORT

Dieses Buch erzählt vom Reisen und vom Reden. Außenpolitik ist zwar sehr viel mehr als das. Aber Reisen und Reden sind Gutteil meines Alltags als Außenminister, und von beiden handelt auch dieses Buch. Denn im Reisen wie im Reden spiegelt sich eine Erfahrung wider, die sich wie ein roter Faden durch meine Jahre als Außenminister zieht: Deutschlands Verantwortung wächst.

Überall auf der Welt, in unzähligen Begegnungen und Diskussionen spüre ich die wachsenden Erwartungen an unser Land. Viele Menschen wünschen sich, dass Deutschland sich stärker für Frieden und Konfliktlösung, für Freiheit und Wohlstand engagiert. Davon erzähle ich in diesem Buch.

Wie aber sollen wir die Erwartungen erfüllen? Was kann deutsche Außenpolitik leisten – und was nicht? Viele der Gedanken, die ich mir über diese Fragen gemacht habe, habe ich in Reden formuliert. Zehn ausgewählte Reden sind in diesem Buch wiedergegeben. Sie wurden redaktionell vereinheitlicht, gelegentliche Überschneidungen wurden stillschweigend eliminiert.

Die wachsende Verantwortung Deutschlands und die Neuverortung deutscher Außenpolitik, die damit einhergehen muss, fallen in wahrlich turbulente Zeiten. Ich habe in meiner gesamten politischen Laufbahn nie so viele, so komplexe und so gefährliche Konflikte erlebt wie derzeit. Eigentlich beschreibt das Wort »Krise« einen Ausnahmezustand, doch in der Außenpolitik ist Krise zum Normalfall geworden. Und diese Krisenhäufung ist kein Zufall, sondern Ausdruck von fundamentalen weltpolitischen Umwälzungen. Die Krisen sind wie Erdbeben, in denen sich tiefer liegende Verschiebungen und Verwerfungen der internationalen Ordnung entladen.

Dass Deutschland in diesen globalen Veränderungen eine neue Rolle zufällt, haben wir uns nicht ausgesucht. Es ist die Folge von veränderten Machtbalancen. Die Nachkriegsordnung, die von zwei Weltmächten dominiert war, existiert nicht mehr. Die geopolitischen Einflusszonen der USA und Russlands sind geringer geworden. Neue Mächte streben auf, die die bestehende Ordnung in Frage stellen und neue Ordnung mitgestalten wollen. Ein Vierteljahrhundert nach Ende des Kalten Krieges ist die Welt nicht mehr bi-polar und (noch) nicht multi-polar, sondern non-polar. Wir leben in einer Welt auf der Suche nach neuer Ordnung. Und wo traditionelle Pfeiler der Ordnung ausfallen, schauen umso mehr Augen auf uns, auf stabile Mittelmächte wie Deutschland, die bereit sind, auch jenseits des eigenen Tellerrands Verantwortung zu übernehmen.

Zu Hause in Deutschland werde ich oft gefragt: Was können wir schon ausrichten? Was ist überhaupt die Rolle von Diplomatie in einer Welt, in der so viele, gefährliche, unberechenbare Kräfte am Werk sind? Vielleicht lässt sich diese Rolle schöner in einem Beispiel beschreiben als in grauer Theorie.

Im Sommer 2015 haben die Vereinten Nationen angefragt, ob Berlin nicht einen Beitrag leisten könne, um die chaotischen und vielfach brutalen Zustände in Libyen zu entschärfen. Dort, nur wenige Seemeilen südlich der italienischen Küste, haben wir es mit einem Nachbarn Europas zu tun, der als Staat fast völlig zerfallen ist. Wir wissen von rund einhundert verschiedenen bewaffneten Gruppierungen, die einander bekämpfen, während staatliche Institutionen im Chaos versinken, sich islamistische Terroristen breitmachen, sowie Schlepper ihr schmutziges Geschäft treiben und Menschen auf die lebensgefährliche Überfahrt nach Europa schicken. In dieser Situation haben wir im Auswärtigen Amt gesagt: Lasst uns versuchen, die wesentlichen Konfliktparteien aus Libyen an einen Tisch zu bekommen und wenigstens den Einstieg in Gespräche und mögliche Verhandlungen zu suchen. Und so haben wir erst einmal die wesentlichen Gruppen identifiziert, dann die Anführer aufgespürt, kontaktiert und schließlich zu Gesprächen nach Berlin eingeladen. Wir haben sogar ein Flugzeug der Luftwaffe nach Tripolis geschickt, um sie abzuholen. Doch da gingen die Probleme los: Es standen nun Leute am Flughafen von Tripolis, die bisher nie miteinander geredet, sondern nur aufeinander geschossen hatten. »Mit denen steigen wir nicht ins selbe Flugzeug!«, riefen sie. Mein Handy klingelte – ich war gerade in Brüssel –, und ich hörte, dass die Vertreter der unterschiedlichen Konfliktgruppen je ein eigenes Flugzeug forderten. Ich überlegte kurz und sagte: »Extra Flugzeuge gibt's nicht. Wenn ihr diesen Test nicht besteht, brauchen wir erst gar nicht anfangen.«

Widerwillig kletterten die Delegationen die Gangway hoch und flogen nach Berlin. Abends, nach der Landung in Tegel, wollten alle Gruppen umgehend in ihr Hotel verschwinden – jede Gruppe in ein anderes, versteht sich. Doch unser Empfangskomitee am Flughafen sagte: »Wir wollen Sie zum Abendessen einladen!« – »Klingt gut«, hieß es, »wir haben Hunger.« Daraufhin sagten unsere Leute: »Prima. Es wird ein Essen zum Kennenlernen!« Erwiderung: »Wir wollen die anderen aber gar nicht kennenlernen. Die kennen wir gut genug! Das sind unsere Feinde!«

Was tun? Wir hatten eine kleine Überraschung vorbereitet: Das Abendessen gab's nicht etwa in einem Berliner Restaurant, sondern auf einem Spreedampfer. Da kann niemand weg! Und so haben wir die verfeindeten Delegationen mehrere Stunden lang die Spree hoch und runter geschippert, bis sich alle schließlich an den Esstisch setzten und Fühlung aufnahmen. Am Ende des Abends war das Eis gebrochen, und am nächsten Tag konnten politische Gespräche im Auswärtigen Amt beginnen.

Ich erzähle die Geschichte nicht, um zu sagen, wenn es beruflich mal kracht, empfehle ich das Mieten eines Ausflugsdampfers … Sondern ich erzähle das, weil in dieser Anekdote etwas von dem steckt, was unsere Diplomatie im Kern ausmacht: der Versuch, Menschen an einen Tisch zu bringen, die sonst nie an einen Tisch kämen. Der Versuch, die Spirale der Eskalation zu durchbrechen, die Dynamik vom Schlachtfeld an den Verhandlungstisch zu lenken und Gesprächsbedingungen herzustellen, unter denen Lösungen möglich werden. Dies zu schaffen ist in verhärteten Konflikten alles andere als trivial. Es braucht den gesamten Instrumentenkasten der Außenpolitik, von Stabilisierungsmaßnahmen vor Ort bis manchmal auch hin zu politischem Druck, um die Parteien am Tisch zu halten oder sie an den Tisch zurückzudrängen und um Lösungsansätze überlebensfähig zu machen. Aber im Zentrum müssen politische Lösungswege stehen, nur in den seltensten Fällen können in modernen Konflikten militärische Antworten wirkliche Fortschritte bringen.

Auf der Suche nach politischen Lösungen bin ich als Außenminister unterwegs, an die 400 000 Kilometer jedes Jahr. Dieses Buch gibt einen kleinen Einblick in den »Flugschreiber« dieser Reisen und in den Alltag deutscher Außenpolitik in Krisenzeiten.

Der Flugschreiber: Redevorbereitung auf dem Weg nach Bratislava, Oktober 2016

WIR SUCHEN UNS DIE VERANTWORTUNG NICHT AUS – DIE WELT FORDERT SIE EIN

Begegnung in der demilitarisierten Zone –
Kindersoldaten in Kolumbien –
Fußgängerampeln in Manhattan –
Rückkehr ins Auswärtige Amt

Es ist früh am Morgen, als wir am zweiten Tag unserer Reise nach Südkorea in die demilitarisierte Zone fahren. Die Fahrt von Seoul dauert keine Stunde, die Grenze zwischen Nord- und Südkorea liegt im Dunstkreis der Hauptstadt mit ihren zehn Millionen Einwohnern.

Das Sperrgebiet ist vier Kilometer breit. Wir passieren verschiedene Wachposten und mehrere Abfolgen von Stacheldrähten, folgen dann einer schnurgeraden Straße an einem Fluss entlang, links und rechts dichter Wald, ab und an eine Wiese in einem fast moorartigen Gebiet. Die Natur ist traumhaft schön und nahezu unberührt. Jahrzehntelang konnte sie vor sich hin wuchern und sich zum Reservat für seltene Vögel entwickeln.

Es ist eine Natur, die darüber hinwegtäuscht, dass jenseits dieser schmalen Straße eine Million Landminen vergraben liegen. 300 000 Soldaten sind in unmittelbarer Nähe dieser Zone stationiert, die nordkoreanischen in Gefechtsbereitschaft, und natürlich die vielen Raketen auf beiden Seiten der Grenze. Formal ist der Koreakrieg bis heute nicht beendet, beide Länder befinden sich im Status eines Waffenstillstands. Nach dem Krieg wurde eine demilitarisierte Zone rund um die Grenzlinie vereinbart, die bis heute von schwedischen und schweizerischen Soldaten als Teil der sogenannten Überwachungskommission neutraler Nationen überwacht wird.

Anfang November 2014, für mich ist es der zweite Besuch in der demilitarisierten Zone. Und es ist, ich kann es nicht anders sagen, gespenstisch. An der Kontaktlinie stehen seit dem Krieg die berühmten blauen Baracken, es sind die einzigen Orte der Begegnung zwischen Nord- und Südkoreanern. Wenn es etwas zu verhandeln gibt, dann trifft man sich hier. Die Bezeichnung Baracke trifft auf diesen Raum ganz gut zu, er hat die Größe eines Zimmers, kahl, die Decke ist niedrig, in der Mitte steht ein Tisch, und mitten durch diesen Tisch verläuft die Grenzlinie. Die Hoheit über diesen Raum wechselt stündlich. In der einen Stunde wird der Raum von südkoreanischen Soldaten bewacht, und die nordkoreanischen stehen vor der Baracke, in der nächsten Stunde ist es umgekehrt. Die Atmosphäre ist angespannt. Man spürt es schon an der Körperhaltung der Soldaten: Stramm und mit geballten Fäusten stehen sich nord- und südkoreanische Soldaten seit fünfzig Jahren gegenüber. Sie starren sich an, großgewachsene junge Männer, in ihren Gesichtern ist keinerlei Regung zu sehen. Da reift die Vorstellung, was Kalter Krieg ist, auch bei denjenigen, die den Kalten Krieg nicht mehr miterlebt haben.

Jetzt ist die Stunde der Südkoreaner. Also dürfen wir als westliche Delegation ins Innere der blauen Baracke. Von draußen schauen nordkoreanische Soldaten hinein, und man weiß nicht genau, wer eigentlich das beobachtete Objekt ist, wir hier drinnen oder die da draußen. Als ich ans Fenster trete, zückt auf einmal einer dieser jungen Soldaten, ein Zwei-Meter-Kerl, einen Fotoapparat und macht Fotos von uns – aus allernächster Nähe starrt mich sein Objektiv an. Ein skurriler Moment.

Es gibt immer wieder Zwischenfälle an diesem spannungsgeladenen Grenzort, von nordkoreanischer Seite wird herübergeschossen, was gar nicht so selten passiert. Einer meiner Mitarbeiter lässt seine Aktentasche in der blauen Baracke liegen, er merkt es erst beim Aufbruch, als die Delegation schon wieder in ihre Fahrzeuge steigt, und sprintet zurück, zum Glück gerade noch rechtzeitig, bevor wieder die nordkoreanische Stunde anbricht. Wenigstens unser Besuch geht also ohne Zwischenfall vonstatten.

Zäune, Stacheldraht, Sperrgebiet, Selbstschussanlagen – das alles ist auch Teil der deutschen Vergangenheit. Es ist diese Erfahrung, die wir mit den Koreanern teilen, die uns verbindet und deswegen auch Erwartungen an uns Deutsche weckt. Korea ist das einzig verbliebene Land auf dieser Erde, das nach wie vor geteilt ist. Und wie wir Deutschen jahrzehntelang über die Wiedervereinigung nachgedacht haben, ist die Wiedervereinigung natürlich auch in Südkorea ein Thema. Am Tag bevor wir in die demilitarisierte Zone fuhren, gleich nach unserer Ankunft in Seoul, habe ich mich mit der südkoreanischen Präsidentin Park Geun-hye zu einem Gespräch getroffen. Sie befragte mich intensiv nach unseren Erfahrungen mit dem Wiedervereinigungsprozess. »Wie habt ihr das gemacht?«, will sie wissen, und: »Wie könnt ihr uns unterstützen?« Schon seit einiger Zeit begleitet nun eine Expertengruppe aus Ost- und Westdeutschen, die den deutschen Vereinigungsprozess mitgestaltet haben, die Sehnsucht nach der Wiedervereinigung im fernen Korea.

Park Geun-hye ist nicht die Einzige, die in Gesprächen mit mir konkrete Erwartungen an Deutschland formuliert hat. Ganz im Gegenteil. Diesen Erwartungen begegne ich auf meinen Reisen seit den vergangenen Jahren immer häufiger. Die steigende Verantwortung unseres Landes suchen wir Deutsche uns nicht aus, sondern die Welt richtet ihre Erwartungen an uns.

Selbst in weit von uns entfernten Weltgegenden, in Ländern, die nicht zu Deutschlands nächsten und eingespielten Partnern in der Außenpolitik gehören, begegne ich diesen Erwartungen. Ich denke zum Beispiel an Kolumbien. Bogotá ist eine spannende, lebenslustige Stadt. Viele Diplomaten in meiner Delegation wären gern noch ein bisschen länger geblieben, als ich dort im Februar 2015 zu Besuch war. Aber Bogotá ist auch Hauptstadt eines Landes, das unter enormen inneren Konflikten leidet. Jahrzehntelang fochten FARC-Rebellen, Paramilitärs, Drogenkartelle und Regierung einen blutigen Bürgerkrieg.

Hunderttausende Menschen starben, Millionen wurden Vertriebene im eigenen Land. Noch vor zwanzig Jahren war die Hauptstadt Bogotá auf dem Weg in die Unbewohnbarkeit, Morde und Geiselnahmen waren an der Tagesordnung. Heute pulsiert hier das Leben.

Wir besuchten ein unauffälliges Gebäude, das mitten in Bogotá ein Reintegrationszentrum beherbergt. Vor der Tür verkaufen Straßenhändler frische Mangos, drinnen sitzen 18- und 19-Jährige an Werkbänken in einer Ausbildungsstunde. Für uns wirkt das auf den ersten Blick wie eine ganz normale Fachoberschule. Doch vor wenigen Jahren noch haben diese Jugendlichen auf gegnerischen Seiten des Bürgerkriegs gekämpft, als *Paramilitares* oder bei den FARC-Rebellen. Einige von ihnen waren Kindersoldaten. Ihren Eltern entrissen und von den FARC an die Waffen gezwungen, mussten sie andere Menschen töten, Menschen aus ihren eigenen Heimatdörfern.

Im Haus sitzt mir eine junge Frau gegenüber. Sie stammt aus der Region Meta, nicht weit von Bogotá. Als 13-Jährige war sie in die Hände der FARC geraten, jahrelang musste sie mit den Rebellen leben, ständig in Angst, ständig in Bewegung, von Camp zu Camp. Viele Nächte, erzählt sie mir, musste sie auf dem Waldboden schlafen, nur mit Plastikfetzen und ein paar Blättern der Bäume bedeckt. Nach sechs Jahren konnte sie fliehen, kam in die Hauptstadt. Das Reintegrationsprogramm der Regierung stand ihr offen, wie Zehntausenden anderen ehemaligen Kämpfern im ganzen Land. Mittlerweile ist die junge Frau Mutter geworden. Sie trägt ihr Baby auf dem Arm und sagt zu mir: »Ich habe Angst vor meiner Heimat, Angst vor der Rache der FARC, aber auch Angst vor meiner Familie. Am liebsten will ich einfach untergehen in der Anonymität der Großstadt.«

So tief sind die Wunden in der kolumbianischen Gesellschaft. Kaum eine Familie ist verschont geblieben von den Auswirkungen dieses Konflikts. Der kolumbianische Präsident Juan Manuel Santos will die Wunden in einem Prozess der Versöhnung schließen. Und seine Hoffnung richtet sich auch an Deutschland. Zunächst sprach ich in Bogotá ausführlich mit dem Beauftragten des Präsidenten für den Friedensprozess, Sergio Jaramillo, einem erfahrenen Diplomaten, der – wie wir erstaunt feststellten – perfekt deutsch sprach, in Heidelberg promoviert hatte und bereits vieles über die deutsche Vergangenheitsbewältigung wusste. Später dann, im offiziellen Amtszimmer, befragte mich der Präsident selbst über die Erfahrungen aus unseren Versöhnungsprozessen, nicht nur dem deutsch-deutschen, sondern auch dem, der notwendig war, um die Folgen unserer nationalsozialistischen Vergangenheit zu bewältigen. Eine ganze Reihe von konkreten deutsch-kolumbianischen Projekten ist aus diesem Gespräch entstanden – von Reintegration bis zur Übergangsjustiz. Ich habe den renommierten Menschenrechtspolitiker der Grünen, Tom Koenigs, zu meinem Persönlichen Beauftragten für den Friedensprozess ernannt, und er ist in Kolumbien ein gefragter Ansprechpartner geworden. Denn es geht auch dort um die schwierige Balance aus Bestrafung und Wiedergutmachung und gleichzeitig der Möglichkeit von Neuanfang und Zusammenleben – eine Balance, nach der wir Deutschen nach dem Krieg und nach der Einheit in ähnlicher Weise suchen mussten. Im Juni 2016 endlich einigten sich Regierung und FARC auf einen Waffenstillstand und die Entwaffnung der Rebellen, im August unterzeichneten sie in Havanna das Friedensabkommen. Der letzte bewaffnete Konflikt der westlichen Hemisphäre ist heute beendet.

Ein dritter Schauplatz der Außenpolitik, von dem ich erzählen will, ist New York City. New York ist Hauptsitz der Vereinten Nationen, und einmal im Jahr herrscht der Ausnahmezustand – sogar für die Verhältnisse einer Stadt, in der ja eigentlich immer alles außergewöhnlich ist. Zur einwöchigen Generalversammlung rücken die Staats- und Regierungschefs aus aller Welt an. Die Hotels sind nicht nur ausgebucht, sondern ziehen noch mal kräftig ihre Zimmerpreise an. Wann kann man schon mal seine Präsidentensuiten an so viele buchstäbliche Präsidenten vermieten? Chaotisch wird es da fast immer.

Schon mein erstes Jahr als Außenminister bei der Generalversammlung beginnt holprig: Auf dem Weg zu einem diplomatischen Empfang in einem der berühmten New Yorker Hotels rumpelt unser Fahrstuhl – und bleibt stecken. Wir drücken den Notknopf, eine Stimme meldet sich und fragt nach unseren Problemen. Ich sage: »Hier ist der deutsche Außenminister. Wir sind im Fahrstuhl stecken geblieben.« Die Stimme antwortet: »Und ich bin der Kaiser von China.« Die Stimme – so erfuhren wir im weiteren Gespräch – gehörte zu Jeff. Jeff war gut gelaunt und zugewandt, und die Zeit verging mit Feixen wie im Flug, bis jemand zum Schacht kam und uns herausholte. Ob Jeff mir geglaubt hat, wer ich bin, weiß ich bis heute nicht.

Noch komplizierter wird es, wenn der US-Präsident eintrifft. Wenn seine Kolonne ins Waldorf Astoria fährt, wird die Park Avenue der Länge nach lahmgelegt, keiner darf mehr über die Straße. »*Freeze*« nennen die Amerikaner das. Und beim *Freeze* darf auch der deutsche Außenminister nicht über die Straße. Im letzten Jahr stand ich mit dem Außenminister eines befreundeten Landes vor dem Hotel, in dem unsere beiden Delegationen untergebracht waren. Der *Freeze* war gerade vorüber, und die Passanten setzten sich wieder in Bewegung. Ich winkte hinüber zu einigen Mitarbeitern aus meiner Delegation, die noch an der Straße standen, und da sagte mein Kollege zu mir: »Frank-Walter, eigentlich mag ich euch Deutsche: Fußball, Autos, Bier … Aber eines verstehe ich nicht, und das wollte ich dich schon lange mal fragen: Ihr Deutschen geht bei Rot nicht über die Straße, selbst wenn weit und breit kein Auto kommt! So viel Ordnungssinn hat bei uns niemand – aber wozu auch?«

In der Anekdote steckt auch ein Funken Außenpolitik. Es

stimmt: Wir Deutschen setzen uns für internationale Ordnung ein – für Regeln im Umgang zwischen Staaten, für Völkerrecht und Menschenrechte, für multilaterale Institutionen wie die UN, die OSZE, die EU. Aber wir müssen auch sagen, *wofür* wir es tun! Regeln sind – auch in der Außenpolitik – kein Selbstzweck. Wir müssen deutlich machen, welche Werte und Ziele unsere Vorstellung von internationaler Ordnung verfolgt. Das ist heute umso wichtiger, wo die Welt aus den Fugen zu geraten scheint, wo ein neues Ringen um die zukünftige Ordnung ausgebrochen ist, und selbstbewusste Akteure wie China auf die Weltbühne treten und ihre Vorstellungen durchsetzen wollen; wo Armut und die Ungleichheit zwischen Staaten und Kontinenten immer noch viel zu groß sind und immer mehr Menschen fragen: Was bringt diese sogenannte Globalisierung uns eigentlich? Deshalb müssen wir Deutschen deutlich sagen: Wir wollen eine internationale Ordnung für Frieden und Gerechtigkeit. Denn heute gilt doch umso mehr, was Willy Brandt schon 1979 in seiner visionären »Nord-Süd-Kommission« erkannt hat: Es gibt keinen dauerhaften Frieden ohne Gerechtigkeit, und keine Gerechtigkeit ohne Frieden. *Das* sind die Ziele deutscher Außenpolitik, und für diese Ziele wird unser Engagement von vielen auf der Welt wertgeschätzt und sogar eingefordert.

Und so spüre ich nicht zuletzt auf der großen weltpolitischen Bühne von New York, wie sich Deutschlands Rolle über die Jahre verändert hat. Heute sitzen wir mit am Tisch, wo wir früher nicht am Tisch saßen. Heute wird unsere Stimme gehört, wo sie früher nicht gehört wurde. Heute wird unser Handeln erwartet, wo es früher niemand erwartet hat. Vor 16 Jahren war ich in Begleitung von Bundeskanzler Schröder zum ersten Mal bei der Generalversammlung in New York. Wir haben damals an vielen interessanten Themen gearbeitet, aber Zeit für einen Galeriebesuch war durchaus drin. Bei der letzten

Generalversammlung hingegen war jeder Tag im Halbstundentakt mit brenzligen Sitzungen gefüllt: Wie bringen wir Iraner und Saudis an einen Tisch, um den Syrien-Konflikt zu entschärfen? Wie organisieren wir das dringend notwendige Geld für die Flüchtlingshilfswerke? Wie überwachen wir den Waffenstillstand in der Ostukraine? Oftmals werden wir Deutschen in den Kreis der sogenannten P5, der permanenten Mitglieder des Sicherheitsrates – USA, Russland, China, Frankreich und Großbritannien – hinzu gebeten. Und als wir 2015, erschöpft nach einem dichtgefüllten Tag voller Verhandlungen und Krisentreffen, abends um zehn in die Sessel in unseren Hotelzimmern plumpsten, bekamen wir eine SMS von den Amerikanern: »Wir haben die verfeindeten Vertreter aus Libyen zu einem Treffen überredet. Frank, komm bitte dazu.« Und so zog sich eine weitere Verhandlung in einem weiteren Wolkenkratzer bis tief in die Nacht hinein.

Es ist also nicht so, dass die wachsende Verantwortung Deutschlands ein Wunschtraum von deutschen Diplomaten ist. Es ist vielmehr die Welt, die sie von uns Deutschen einfordert. Deshalb sprach ich auch vom Begriff der Verantwortung, kurz vor Weihnachten 2013, als ich zum zweiten Mal als Außenminister in das Auswärtige Amt am Werderschen Markt in Berlin einzog und meine Antrittsrede hielt. Damals, als ich vor vielen altbekannten Gesichtern im Weltsaal, unserem großen Konferenzraum, stand, da meinte ich »Verantwortung« nicht nur als hochtrabende politische Kategorie, sondern da hatte dieser Begriff auch eine sehr persönliche Dimension für mich. In jenem Weltsaal hatte ich mich vier Jahre zuvor von den Mitarbeiterinnen und Mitarbeitern des Auswärtigen Amtes verabschiedet. Niemals im Leben hätte ich mir damals träumen lassen, dass ich noch einmal in dieses Amt zurückkehren würde. Für mich persönlich markiert jene Zeit im Jahr 2009 einen sehr schmerzhaften Moment, den Tiefpunkt in meiner politischen Laufbahn. Ich hatte mich als Bundeskanzler zur Wahl gestellt und die Wahl verloren. Am 22. September 2009 fuhr die SPD 23 Prozent der Stimmen ein, ein historisch schlechtes Ergebnis. Die ersten Hochrechnungen, die Kameras, die grellen Scheinwerfer, all das fuhr mir am Wahlabend, wie vielen anderen Mitstreitern im Willy-Brandt-Haus, tief in die Magengrube. Aber auch an jenem Abend ging es am Ende um Verantwortung – die Verantwortung für eine Partei, die mich seit meinen Jugendtagen, als Willy Brandt Kanzler wurde, politisch geprägt hat. Es war nach der Wahl 2009 schwer genug, mit der Niederlage persönlich umzugehen. Aber das war eben nur der eine Teil. Ich hatte die Niederlage ja stellvertretend für die Partei erlitten, und ganz unmittelbar für die Bundestagsfraktion. 76 Bundestagsmandate waren in dieser Wahl verlorengegangen, 76 Abgeordnete und ihre Mitarbeiterinnen und Mitarbeiter hatten auf einmal keinen Job mehr. Ich war verantwortlich dafür, dass eine Volkspartei historisch schlecht abschnitt. Und wer am Tiefpunkt Verantwortung trägt – so dachte ich am Wahlabend –, muss zumindest mithelfen, den Stein wieder hochzurollen.

Ich wurde wenige Wochen später zum Fraktionsvorsitzenden gewählt, und es begann eine harte Zeit. Du kämpfst mit einem Scherbenhaufen in dir selbst und bist gleichzeitig Vorsitzender einer Fraktion, die gemeinsam vor einem Scherbenhaufen steht. Ich hatte damals keine Ahnung, ob wir das kitten würden. In meinem Brandenburger Wahlkreis sagte in jener Zeit mal jemand zu mir: »Das Wichtige an Träumen ist nicht der eine, große Lebenstraum. Das Wichtige ist, die Kraft für neue Träume zu finden, wenn ein Traum zerbricht.« Bundeskanzler bin ich nicht geworden. Aber ich bin froh und dankbar, dass ich mit der Bundestagsfraktion der SPD so manchen Stein – vielleicht nicht alle Steine – den Berg hochrollen konnte, und dass wir dabei, politisch wie menschlich, zueinandergefunden haben. Und ich bin dankbar, dass mich der

Weg von der Fraktion noch einmal ins Auswärtige Amt geführt hat – in einer stürmischen Zeit, in der es mehr denn je auf verantwortliche deutsche Außenpolitik ankommt.

So kam ich Ende Dezember 2013 zurück ins Auswärtige Amt. Dort empfing mich Guido Westerwelle, der sowohl mein Amtsnachfolger als auch Amtsvorgänger war. Zwei Jahre nach Ende seiner Amtszeit ist Guido Westerwelle verstorben, viel zu früh. An jenem Tag der Amtsübergabe standen wir gemeinsam im Ministerbüro im zweiten Stock, und er sagte zu mir: »Sehen Sie, Herr Steinmeier: Alles ist so geblieben!« In der Tat waren Schreibtisch, Regale und so weiter dieselben wie in meiner ersten Amtszeit. Doch dann fiel unser Blick auf die vielen zeitgenössischen Kunstwerke, die Westerwelle privat gesammelt hatte und auf die er zu Recht stolz war. Und da sagte er: »Meinen Kunstkram nehme ich mit – dann passt da auch Ihre Willy-Brandt-Statue wieder hin!«

Beim Blick in das vertraute Büro fiel mir ein Gegenstand besonders ins Auge, der einen Ehrenplatz auf Westerwelles Schreibtisch hatte und der irgendwie herausstach zwischen den Immendorf-Gemälden und den Kunstmagazinen: eine kleine quietschgelbe Uhr aus Plastik in Form einer Micky Maus. Ich zeigte darauf, und Westerwelle lächelte. Die Uhr, erzählte er mir, stammt aus dem Gaza-Streifen. Eine seiner ersten Außenminister-Reisen hatte ihn dorthin geführt. Nach schwierigen politischen Terminen gab es einen kurzen Besuch an einer Mädchenschule. Doch Westerwelle blieb länger als nur fürs Foto. Er kam in ein lebhaftes Gespräch mit den sieben- und achtjährigen, fein rausgeputzten Mädchen, dort mitten im Kriegsgebiet. Irgendwann trauten sich die Mädchen, zogen eine Plastiktüte hervor und gaben ihm das Geschenk, für das sie zusammengelegt hatten: diese Uhr. Später beim Sicherheitscheck am Flughafen fragten die israelischen Soldaten, ob die Delegation etwas aus dem Gaza-Streifen mitgebracht hätte, und Guido Westerwelle antwortete offenherzig: »Ja, man hat uns eine tickende Uhr geschenkt.« Nach mehrfachem Durchleuchten der Micky Maus hat er sie schließlich mit an Bord nehmen dürfen – ausdrücklich auf eigenes Risiko. Voller Freude hat Guido Westerwelle mir diese Geschichte erzählt – nicht wegen der Uhr, sondern weil die Mädchen ihn begeistert hatten. Auch Guido Westerwelle haben Begegnungen wie diese als Außenminister geprägt, Begegnungen mit Menschen, deren Hoffnungen inmitten von Not und Unfrieden sich an uns Deutsche richten. In solchen Begegnungen erspürt man die Erwartungen an Deutschland, und es wächst ein Gefühl für die Verantwortung, die deutsche Außenpolitik heute trägt.

Rede vor der Generalversammlung der Vereinten Nationen, New York, Oktober 2015

In der demilitarisierten Zone zwischen Nord- und Südkorea, November 2014

Während der UN-Generalversammlung in New York, September 2016

ZWEITER AMTSANTRITT

17. Dezember 2013
Weltsaal im Auswärtigen Amt, Berlin

Etwas mehr als vier Jahre ist es her, dass ich zum letzten Mal hier in diesem Saal gesprochen habe. Ich erinnere mich noch wie heute an Ihren überaus freundlichen Abschied. Die letzten Worte meiner Abschiedsrede waren: »Ich gehe, aber ich gehe nicht aus der Welt.«

Nun, ich bin nicht aus der Welt gegangen! Mit Europa und Außenpolitik hatte ich auch als Fraktionsvorsitzender viel zu tun. Den einen oder anderen von Ihnen habe ich in den letzten Jahren wiedergesehen. Hier in Berlin, in Kabul, in Kairo, in Tel Aviv, in Abu Dhabi und an vielen anderen Plätzen in der Welt. Nie in meiner schon längeren politischen und beruflichen Laufbahn bin ich allerdings dorthin zurückgegangen, von wo ich kam. Der Grundsatz war gut und hat getragen. Wenn ich heute damit breche und nach vier Jahren zurückkomme, dann, weil es Ehre und Auszeichnung ist, ein weiteres Mal das Amt des deutschen Außenministers zu übernehmen. Es geht nicht nur darum, das Land zu repräsentieren, sondern auch die Chance zu haben, an Dingen weiter zu schmieden, an die man schon mal Hand angelegt hat. Lieber Herr Westerwelle, ich danke Ihnen für das, was Sie in den letzten Jahren für unser Land getan haben! Sie haben in Ihrer Verantwortung von hier aus dazu beigetragen, dass Deutschland auch in der Krise der letzten Jahre europapolitisch in der Spur geblieben ist. Das war, wir wissen das beide, keine Selbstverständlichkeit. Es bleibt richtig, was Hans-Dietrich Genscher gesagt hat: »Europa bleibt unsere Zukunft, eine andere haben wir nicht.« Das ist unsere gemeinsame Auffassung in einem Umfeld, in dem es an der Tagesordnung ist, herablassend-leichtfertig über die Rolle Europas zu urteilen.

Sie haben an der »Kultur der militärischen Zurückhaltung« festgehalten. Das hat Ihnen nicht nur Lob eingebracht – auch in Deutschland gibt es wieder einige, für die – ausschließlich und nur – Androhung und Einsatz militärischer Gewalt der Lackmustest für außenpolitische Glaubwürdigkeit ist. Daraus spricht nicht nur Missachtung kluger Diplomatie zur Krisenlösung und -entschärfung. Es lässt auch in Vergessenheit geraten, dass wir Deutsche – mit Blick auf unsere Geschichte – besondere Verantwortung für die Erarbeitung von Alternativen zur militärischen Lösung tragen. Selbst wenn wir auch solche für die Vergangenheit nicht völlig ausgeschlossen haben und für die Zukunft nicht immer ausschließen können.

Sie alle werden kein Verständnis haben für die Frage, die mir gleichwohl mehrfach in den letzten Tagen gestellt worden ist: »Warum willst du denn eigentlich noch einmal ins Auswärtige Amt?« Dabei ist die Antwort darauf von den Wissenden so einfach! Weil dies nicht ein Ressort wie jedes andere ist. Und weil ein Land wie Deutschland gute Außenpolitik braucht!

Die gibt es nicht ohne Professionalität, kreatives Denken und Mut, den Eigenschaften, die einen guten Diplomaten auszeichnen. Solange diese drei Eigenschaften hier in diesem Haus zu finden sind, ist es um die Zukunft des Auswärtigen Amtes nicht allzu schlecht bestellt. Dennoch verändert sich etwas! Natürlich sind auch die anderen Ressorts heute stärker als früher unterwegs im internationalen Geschäft. Was würden wir klagen, wenn es anders wäre! Natürlich gibt es eine stärkere mediale Konzentration auf die Staats- und Regierungschefs.

Gipfel sind wichtig. Aber jeder weiß auch: Außenpolitik findet in der Substanz nicht auf den Gipfeln statt, sondern dazwischen und davor. Was nicht seriös vorbereitet ist, lässt Gipfelbemühungen scheitern, die Beweise dafür füllen Bibliotheken! Deshalb werden außenpolitische Profis nicht weniger, sondern mehr gebraucht. Die Vergipfelung von Politik ersetzt nicht Außenpolitik, sondern setzt sie voraus. Form und Inhalt werden da oft verwechselt. Auch der Europäische Auswärtige Dienst ist noch ein Stück entfernt davon, außenpolitisches Denken und Handeln in den europäischen Hauptstädten überflüssig zu machen.

Gute deutsche Außenpolitik braucht auch in Zukunft ein gutes Auswärtiges Amt – mit Mut, mit Kreativität und Professionalität! Professionalität, das ist mehr als Fremdsprachenkenntnisse und sicheres Auftreten auf internationalem Parkett. Professionalität, das ist auch die Fähigkeit, in langen, historischen Linien zu denken. Wir alle wissen um die Abgründe unserer deutschen Geschichte und auch, wie präsent diese Geschichte fast überall in der Welt noch ist.

Das Erinnerungsjahr 2014 wird ganz im Zeichen der »Urkatastrophe des 20. Jahrhunderts« stehen, wie George Kennan den Ersten Weltkrieg genannt hat. Ich hoffe, dass diese Erinnerung für uns zur Mahnung wird! Mahnung, was passieren kann, wenn Politiker und Diplomaten wie »Schlafwandler« in der Gegend herumirren und nicht im Entferntesten ahnen, auf welchen Abgrund sie gerade zusteuern. Hundert Jahre nach Ausbruch des Ersten Weltkriegs ist unsere Welt immer noch ein gefährlicher Ort. Lassen Sie uns als aufgeklärte Patrioten handeln in Verantwortung unserer Geschichte, ganz in der Tradition eines Willy Brandt und eines Hans-Dietrich Genscher! Ob unserer Geschichte in der Ausbildung von Diplomaten noch ein angemessener Stellenwert zukommt, das sollten wir überprüfen.

Zu den Gemeinplätzen in den Antrittsreden deutscher Außenminister gehört, die Kontinuität zu beschwören. Aber weil ich hier zum zweiten Mal bin, seien mir ein paar Fragezeichen erlaubt.

Die Grundkoordinaten der deutschen Außenpolitik stehen fest und haben sich bewährt: europäische Integration, transatlantische Partnerschaft, eine aktive Rolle bei der Gestaltung einer globalen Friedensordnung in den Vereinten Nationen und anderen internationalen Organisationen. Dieses Koordinatensystem gilt. Dennoch bin ich der festen Überzeugung: Mit einer bloßen Beschwörung des Altbekannten und Bewährten kommen wir in Zukunft nicht mehr durch! In einer Welt im Umbruch müssen wir uns die kritische Frage stellen, ob die Pfeiler, auf denen dieses Koordinatensystem fußt, noch hinreichend belastbar und verlässlich sind.

Die grassierende Europaentfremdung habe ich bereits erwähnt. Das transatlantische Verhältnis ist – Stichworte Irakkrieg, Guantánamo, Snowden, NSA – unter erheblichem Stress. Und auch wenn der erfolgreiche Abschluss der WTO-Runde in Bali endlich einmal wieder ein Zeichen der Hoffnung war, ist doch klar erkennbar, dass sich die großen Weltorganisationen und der multilaterale Ansatz in einer Krise befinden. Der überall spürbare Trend hin zur Bilateralisierung und Bildung von *»coalitions of the willing«* ist nur ein Ausdruck dafür.

Hier kommt jetzt das zweite Stichwort ins Spiel, das ich vorhin genannt habe: kreatives Denken. Das fängt bekanntlich mit dem Stellen der richtigen Fragen an. Ich begrüße es ausdrücklich, dass unter der Überschrift »Werte und Interessen« in den letzten Jahren eine Diskussion über die Grundausrichtung der deutschen Außenpolitik begonnen hat. In einem sehr lesenswerten Aufsatz über die »Gestalt deutscher Macht« haben Thomas Kleine-Brockhoff und Hanns Maull vor kurzem geschrieben: »Die bewährten Leitlinien der deutschen Außenpolitik werden nur dann forttragen, wenn sie politisch neu erfunden und zeitgerecht adaptiert werden.« Genau das ist die

Aufgabe, die vor uns liegt. Und die hat nichts zu tun mit dem halbstarken Gerede über wachsenden deutschen Einfluss und neue deutsche Macht. Jeder, der die Zahlen kennt, weiß, dass in den nächsten Jahrzehnten unser Anteil an der Weltbevölkerung und am Welthandel kontinuierlich abnehmen wird. Für Mittelmachtphantasien nach dem Motto »Wir sind wieder wer« ist da wenig Grundlage.

Mir geht es um etwas anderes, sehr viel Grundsätzlicheres: Wir brauchen heute einen erwachsenen, aufgeklärten Diskurs über den institutionellen Rahmen, in dem sich unser außenpolitisches Handeln bewegen soll, über das Maß an Verantwortung, das wir in den nächsten zehn, zwanzig Jahren schultern können, aber auch darüber, wo die Grenzen unserer Leistungsfähigkeit sind. Die Antworten darauf ergeben sich nicht im Alltag unserer Arbeit so ganz nebenbei. Viele Länder, die uns nahestehen, die USA, Frankreich, Norwegen, um nur einige zu nennen, haben in den letzten Jahren ihre Außen- und Sicherheitspolitik einer kritischen Selbstüberprüfung unterzogen. Status und Perspektiven in exemplarischen Feldern zu untersuchen, Abgleich zu machen mit anderen außenpolitischen Playern in Europa – das scheint mir notwendig und gewinnbringend für uns zu sein. Deshalb will ich an den Beginn meiner zweiten Amtszeit eine solche Selbstverständigung über die Perspektiven deutscher Außenpolitik setzen. Und ich will das ganz bewusst nicht als klassischen innerministeriellen Prozess anlegen, sondern als Dialog des Auswärtigen Amtes mit den wichtigsten außen- und sicherheitspolitischen Stakeholdern unter Einschluss der Zivilgesellschaft.

Der europäischen und deutschen Außenpolitik stehen turbulente Zeiten bevor. Wir leben in einer unruhigen Nachbarschaft, und wenig spricht dafür, dass sich daran so schnell etwas ändern wird. Sicher nicht in der Ukraine, aber erst recht nicht in Nordafrika können wir darauf vertrauen, dass die USA am Ende schon für die notwendige Stabilität sorgen werden, sei es durch politisches, finanzielles oder militärisches Engagement. Wie auf dem Balkan in den neunziger Jahren ist in all diesen Ländern heute vor allem Europa gefragt. Ein Europa, das immer noch hauptsächlich mit sich und seiner eigenen Krise beschäftigt ist. Und das seine Rolle als außenpolitischer Akteur nur tastend und zögernd übernimmt.

Es ist empörend, wie die russische Politik die wirtschaftliche Notlage der Ukraine für sich genutzt hat, um den EU-Assoziierungsvertrag zu verhindern. Genauso empörend war das gewaltsame Vorgehen der ukrainischen Sicherheitskräfte gegen die friedlichen Demonstranten auf dem Maidan. Aber bei aller Empörung haben uns gerade polnische Politiker wie Präsident Bronisław Komorowski darauf hingewiesen, dass wir Europäer uns mit Blick auf unsere Ukraine-Politik auch an die eigene Nase zu fassen haben. Wir müssen uns fragen, ob wir unterschätzt haben, wie zerrissen und schwach dieses Land ist; ob wir nicht gesehen haben, dass es dieses Land überfordert, wenn es sich zwischen Europa und Russland entscheiden muss; ob wir die Entschlossenheit Russlands unterschätzt haben, das mit der Ukraine wirtschaftlich, aber auch historisch emotional eng verbunden ist. Das alles sind Fragen, die wir und die Europäer zu beantworten haben. Sicher bin ich mir nur, dass wir ein finanzielles und wirtschaftliches Hilfsangebot präsentiert haben, das weit hinter dem zurückblieb, was notwendig ist, um die Ukraine vor dem wirtschaftlichen Konkurs zu bewahren und dauerhaft wirtschaftlich an Europa zu binden. Ich werde noch an diesem Donnerstag nach Polen reisen, um mit unserem polnischen Nachbarn, die mehr als fast alle anderen Europäer von der Ukraine verstehen, zu überlegen, was gemeinsam getan werden kann, um die politische Blockade in Kiew aufzulösen.

Ähnliche Herausforderungen warten auf uns in der südlichen Nachbarschaft. Ägypten kommt nicht zur Ruhe. Libyen ist auf dem Weg zu einem *failed state*. Tunesien ringt um seine

Zukunft. Und von der Begeisterung, mit der viele in Deutschland auf den Arabischen Frühling geschaut haben, ist allenfalls Ernüchterung übrig geblieben. Aber auch, wenn die Kameras auf dem Tahrir-Platz abgebaut sind: Wir müssen, und wir wollen all jene mutigen Frauen und Männer unterstützen, die sich auf den langen und beschwerlichen Weg zu Menschenwürde, Demokratie und Rechtsstaat gemacht haben. Der Weg wird länger sein, als wir und sie es uns gewünscht haben. Voller Widersprüche dazu. Aber gerade weil er lang und schwierig ist, müssen wir die Richtung unterstützen, nicht nur mit Worten und klugen Ratschlägen. Demokratie darf im Alltag der einfachen Menschen in Kairo nicht dauerhaft den Beigeschmack von Hunger und Chaos bekommen, sonst leidet auch der Glanz demokratischer Verheißung! Europa muss helfen, den Prozess innergesellschaftlicher Versöhnung zu stützen, und Sorge tragen, dass wirtschaftliche Verbindungen nicht völlig erodieren.

Mit konkreter Hilfe einhergehen muss aber ein besseres Verständnis für das, was in der arabischen Welt derzeit passiert. Konfuzius hat einmal gesagt: »Wenn die Begriffe nicht richtig sind, so stimmen die Worte nicht; stimmen die Worte nicht, so kommen die Werke nicht zustande.« Wir wissen heute, dass die einfache Entgegensetzung von autokratischen Regimen und demokratischen Oppositionen der Tiefenstruktur der Konflikte in der arabischen Welt nicht überall gerecht wird. Diese Analyse war schon in Libyen schief, und sie versagt in eklatanter Weise bei der Beschreibung des Syrien-Konflikts. Dort dominierte zu Anfang die Sehnsucht einer demokratischen Opposition nach Freiheit. Die gibt es weiterhin. Daneben aber eben auch einen wachsenden, anderen Teil von Opposition, der sich an Brutalität und Rücksichtslosigkeit in nichts vom Regime unterscheidet. Übersehen worden ist, dass der Syrien-Konflikt von Anfang an eben auch ein Stellvertreterkrieg um die Vorherrschaft in der islamischen Welt war und ist, ein Ringen um die Ausweitung der sunnitischen und schiitischen Einflusssphäre. Wenn das richtig ist, dann war die Debatte um die militärische Lösung des Konflikts vor wenigen Wochen eigentlich absurd!

Die größte Bedrohung für das Assad-Regime sind nicht Bomben auf Damaskus, die größte Bedrohung ist die Überwindung der Differenzen zwischen den USA und Russland in der Syrien-Politik. Genau dies ist mit der Initiative zur Abrüstung der syrischen Chemiewaffen gelungen. Aber das ist nicht mehr als ein Zwischenschritt. Im nächsten muss es darum gehen, die humanitären Korridore zur Versorgung der schrecklich notleidenden Zivilbevölkerung zu öffnen. Dann die Bürgerkriegsparteien mit den sie unterstützenden Nachbarstaaten an den Verhandlungstisch zu bringen. Wenn das nicht gelingt, werden ein Zerfall Syriens und die Auflösung jeder Ordnung im Mittleren Osten kaum noch zu verhindern sein.

Es gibt aber auch hoffnungsvolle Zeichen. Mit der vorläufigen Verständigung mit dem Iran sowie den bewundernswert hartnäckigen Vermittlungsbemühungen von John Kerry im Nahost-Friedensprozess öffnet sich im nächsten Jahr ein einzigartiges Fenster für die gesamte Region. Wir Europäer müssen unsere gesamte Energie daransetzen, die amerikanischen Bemühungen zu flankieren und zu unterstützen. Ich hoffe sehr, dass alle Akteure, Israel, Palästina, der Iran, aber auch die Golfstaaten und Saudi-Arabien, die einzigartige Chance ergreifen, die die derzeitige amerikanische Politik hat. Scheitern Präsident Obama und Außenminister Kerry mit ihrer Politik, ist nicht nur die Geschichte des Nahen und Mittleren Osten reicher um eine weitere verschenkte Chance. Ich befürchte, dann passiert das, was viele schon lange prophezeien: ein langsamer strategischer Rückzug Amerikas aus der Region, mit unabsehbaren Folgen für Israel, für die gesamte Region, aber auch für uns.

Das transatlantische Bündnis ist und bleibt das Rückgrat

unserer Sicherheit. Diese Feststellung klingt in diesem Haus sicher banal – bis vor kurzem. Heute muss man sich nur ein wenig in diesem Land umhören und die einschlägigen Blogs lesen, um zu sehen, dass dieser Satz nicht mehr für jeden selbstverständlich ist. Zumindest mental ist der Atlantik wieder deutlich breiter geworden, breiter vielleicht, als er es in den schwierigen Bush-Jahren war. Allen Beschwörungen der westlichen Wertegemeinschaft zum Trotz ist Vertrauen verlorengegangen. Es wird einer großen gemeinsamen Anstrengung bedürfen, es wieder aufzubauen. Wir stehen heute vor der Frage, wie es uns gelingen kann, in einer digital vernetzten Welt und angesichts neuer Bedrohungen, die es ja gibt, Freiheit und Sicherheit wieder ins Lot zu bringen. Wir müssen unseren amerikanischen Freunden klarmachen, dass nicht alles, was technisch möglich ist, auch politisch klug ist. Und da geht es um weit mehr als um die Frage, ob Spionage zwischen Freunden erlaubt ist oder nicht; es geht auch um die Frage: Wie sichern wir im 21. Jahrhundert unter völlig veränderten Kommunikationsbedingungen eigentlich den Schutz der Privatsphäre der Bürger als elementares Grundrecht? Wie verhindern wir, dass das weltweite Netz, auf dem ein Großteil unseres Wohlstandszuwachses beruht, technisch und rechtlich parzelliert wird?

Dieses Vertrauen wird nicht über Nacht wachsen, aber wir werden hart arbeiten dafür. Von Heinrich August Winkler stammt der schöne Satz: »Der Westen ist eine Wertegemeinschaft, die sich über die politischen Folgerungen streitet, ja streiten muss, die sich aus den gemeinsamen Werten ergeben.« Solange wir das tun, ist mir um unsere gemeinsame Zukunft nicht bang. Das Konzept des Westens lebt von seiner Offenheit und Diskursivität. Und deshalb halte ich nichts davon, die Welt in Freunde des Westens und seine Feinde einzuteilen. Wir brauchen kein Wiederaufleben des Blockdenkens in einer neuen, den Bedingungen der Globalisierung angepassten Gestalt. Nicht Abgrenzung ist das Gebot der Stunde, sondern Offenheit, gegründet auf Selbstbewusstsein.

Ich bin fest davon überzeugt, dass einem solchen Westen die Zukunft gehört. Wohin man auch kommt: Überall träumen die Menschen von Freiheit, von Demokratie, von einer solidarischen Gesellschaft, die die natürlichen Lebensgrundlagen der Menschheit bewahrt. Ich habe mich immer für eine Stärkung der auswärtigen Kultur- und Bildungspolitik eingesetzt. Und ich werde das mit demselben Nachdruck auch in meiner zweiten Amtszeit tun. In der Welt von morgen müssen wir uns anders verständlich machen, unsere Werte übersetzen in andere Sprachen, in andere kulturelle Codes. *Soft power* ist sicher kein Ersatz für *hard power*. Aber ohne *soft power* kommt man auch mit *hard power* nicht sehr weit!

Von Gelassenheit und Selbstbewusstsein sollte auch unser Verhältnis zu schwierigen Partnern wie Russland und China geprägt sein. Beides sind ja keine neuen, aufstrebenden Mächte, sondern Staaten mit einer langen, stolzen Geschichte, einer unruhigen Gegenwart und einer ebenso offenen Zukunft!

Ich habe mit Blick auf Russland vor fünf Jahren eine Modernisierungspartnerschaft vorgeschlagen, deren Entwicklung ich nüchtern und ohne Verklärung verfolge. Das ist ein Konzept, das Investitionen von beiden Seiten verlangt, dafür fehlt es bisher an ausreichend Mut, Kreativität und Bereitschaft. Die brauchen wir aber, wenn das Gepflanzte bessere Ernte tragen soll. Mir ist der Name des Konzepts egal, weil entscheidend ist, ob wir Formen der Kooperation entwickeln, die uns nicht zurückfallen lassen in unselige Zeiten der Sprachlosigkeit, sondern eine Zukunft bauen, in der Russland und der Westen nicht nur ökonomisch, sondern auch durch gemeinsame Grundüberzeugungen verbunden sind. Auch das ist ein langer Weg, aber wir werden ihn gehen müssen, selbst wenn Hindernisse und Fallgruben zahlreich bleiben. Auch deshalb, weil weiter östlich sich die Interessen schon sichtbar stärker im

Raum stoßen. Beim letzten ASEAN-Gipfel in Wladiwostok erklärten sich gleich drei Staaten als pazifische Macht: China sowieso, und der selbstbewussten Konkurrenz der USA – »Wir sind eine atlantische und eine pazifische Macht« – wollte Putin in nichts nachstehen. Ich befürchte, wir befinden uns erst am Beginn von Konflikten um Einflusssphären und Kombattanten, die ihre Auswirkungen unweigerlich auf Europa haben werden.

Was das bedeutet, für unsere Politik gegenüber Russland, gegenüber Zentralasien, aber auch gegenüber diesem ganzen riesigen Kontinent Asien, werden wir in den nächsten Jahren neu ausbuchstabieren müssen. Die Welt wird uns nicht den Gefallen tun, dieselbe zu bleiben, wie wir sie vor Jahren kennengelernt haben. »Bewährte Sprache« müssen wir ersetzen durch Neugier und den Ehrgeiz, unsere Rolle gerade in Asien neu zu definieren.

Dazu gehört Mut. Den werden wir brauchen an vielen Stellen! Denn uns stehen schwierige Zeiten bevor. Was ich an Willy Brandt immer am meisten bewundert habe, ist dieser Mut, jenseits ausgetretener Pfade zu denken. Zwänge anzuerkennen, Bündnistreue nicht in Frage zu stellen, aber Eigenständigkeit des Denkens zu bewahren. Und dort, wo immer es die eigene Überzeugung gebietet, auch den politischen und journalistischen Mainstream gegen den Strich zu bürsten. Das ist schwerer geworden in einer außenpolitisch stärker formatierten Öffentlichkeit, aber die Freiheit müssen wir uns nehmen, wenn wir die Qualität unserer Arbeit nicht selbst in Frage stellen wollen.

Ich habe nichts gegen klare Sprache und wortstarke Statements – ganz im Gegenteil –, aber nur dann, wenn sie sich auf kluge Analyse gründen. Genau das dürfen wir bei noch so starkem medialen Druck nicht aufgeben: genau hinzusehen, Gründe und Entwicklungen von Konflikten nachzuverfolgen, Schuldige und Beschuldigte auseinanderzuhalten, Konfliktdynamiken einzudämmen, Grundlagen für längerfristige Lösungen zu entwickeln. Genau das ist die Substanz von Außenpolitik und Diplomatie!

Willy Brandt hat einmal gegen manche Unwissenheit und Ignoranz gesagt: »Diplomatie ist Generalstabsarbeit für den Frieden.« Diese Arbeit zu leisten, dafür sollte uns keine Anstrengung zu groß sein.

NIE WIEDER ALLEIN

Honeckers Büro –
Stolpersteine in Delhi –
Schaulustige Diplomaten –
Grenzübergang Bernauer Straße –
Konzentrationslager Sachsenhausen –
Zeughaus Unter den Linden

Es ist kaum zu glauben, ich muss mir das selbst manchmal vor Augen führen: In meinem Büro saß vor ein paar Jahrzehnten noch Erich Honecker. Den Flur herunter, im sogenannten Bismarck-Zimmer, in dem sich meine Abteilungsleiter jeden Morgen zu ihrer Besprechung treffen, tagte einst das Politbüro, der Machtzirkel der SED-Diktatur. Jahrzehnte davor, während der NS-Zeit, war in diesem Gebäude die Reichsbank untergebracht – davon zeugen noch die dicken Panzertüren im Keller. In den Tresorräumen, in denen wir heute die internationalen Verträge und Abkommen der Bundesrepublik aufbewahren, bunkerten die Nazis ihren Goldschatz.

Das Auswärtige Amt am Werderschen Markt steht sinnbildlich für Berlin. Wie die Stadt ist es ein Spiegel deutscher Geschichte. Und diese Geschichte ist nicht zuletzt ein Grund, warum sich Gäste aus aller Welt für Berlin interessieren. Auch wenn ich im Ausland unterwegs bin, ist deutsche und europäische Geschichte oft ein Thema. Wer Deutschlands außenpolitische Verantwortung verstehen will, muss unsere Geschichte in den Blick nehmen. Und so fällt das Gespräch nicht selten auf Berlin. Ich erinnere mich an eine Begegnung in Delhi 2015 mit indischen Künstlern und Intellektuellen. Wir sprachen über Geschichtsbilder und einen neuen Nationalismus in der indischen Gesellschaft, als ein Professor mich auf die Stolpersteine ansprach, auf denen die Namen jüdischer Opfer des Holocaust stehen und die in die Gehwege vor ihren ehemaligen Wohnhäusern eingelassen sind. Einige davon hatte der indische Wissenschaftler in Berlin gesehen. Das sei eine tolle Sache, sagte er, er kenne kein anderes Land, das sich so öffentlich und selbstkritisch mit seiner Geschichte auseinandersetze. Ich habe mich über seinen Blick von außen gefreut und erzählte ihm, dass es die Steine nicht nur in Berlin, sondern in tausend Städten in ganz Deutschland gebe. Jeder Deutsche, der joggt oder in den Supermarkt geht, stolpert buchstäblich über die Geschichte. Kinder fragen ihre Eltern: Was steht auf diesen Steinen? Welche Geschichten verbergen sich dahinter? Erinnerungskultur, sagte mein indisches Gegenüber schließlich, muss auch Alltagskultur sein.

Egal, wohin ich komme: Das Interesse an Berlin ist enorm. Neben den vielen Touristen wächst auch die Zahl der internationalen Staatsgäste seit Jahren, die sich einen Besuch in unserer Hauptstadt wünschen. Es sind mittlerweile so viele, dass wir das Personal in unserer Protokollabteilung ordentlich aufstocken mussten.

Einige der hohen Besuche in Berlin habe ich in besonderer Erinnerung. Am 25. September 2001 – der Umzug der Bundesregierung nach Berlin lag erst knapp zwei Jahre zurück – besuchte der russische Präsident Wladimir Putin die neue deutsche Hauptstadt. Seine Rede im deutschen Bundestag war, wie ich finde, ein besonderer Moment für die Stadt. Es war das erste Mal, dass ein russisches Staatsoberhaupt im deutschen Parlament sprach, und das auch noch auf Deutsch. Seine Rede ließ Hoffnung verspüren für eine gemeinsame Zukunft Europas mit Russland. Auch wir auf deutscher Seite hatten diese Hoffnung. Es war Gerhard Schröders Ziel, die Beziehungen zu Russland auf eine neue Basis zu stellen, eine breite und produktive Zusammenarbeit mit einem modernisierten Russland zu entwerfen. Viele Jahre haben wir gemeinsam dafür gearbeitet und gestritten. Heute lese ich Putins Redetext mit Wehmut. Den Hoffnungen von damals sind in den letzten Jahren schwere Rückschritte gefolgt. Nicht immer verläuft Geschichte bergauf, schon gar nicht in jüngster Zeit. Für Putins Besuch 2001 hatten Berlin und seine Geschichte jedenfalls eine besondere Bedeutung. In der Eröffnung seiner Rede sagte er: »Diese Stadt ist in der jüngsten Geschichte der Menschheit mehrmals zum Zentrum der Konfrontation beinahe mit der ganzen Welt geworden. Selbst in der schlimmsten Zeit – auch in den schweren Jahren der Hitler-Tyrannei – ist es aber nicht gelungen, in dieser Stadt den Geist der Freiheit und des Humanismus auszulöschen, für den Lessing und Wilhelm von Humboldt den Grundstein gelegt haben.«

Sieben Jahre später lauschten die Berlinerinnen und Berliner einer weiteren bedeutenden Rede in ihrer Stadt. »Völker der Welt, schaut auf Berlin, wo die Mauer fiel und ein Kontinent zusammenwuchs«, rief Barack Obama gleich zu Beginn seiner Rede an der Siegessäule den zweihunderttausend Menschen zu, die gekommen waren, um ihn zu sehen. Es war am 24. Juli 2008, Obama, damals noch Senator von Illinois, hatte sich Berlin für seinen einzigen öffentlichen Wahlkampfauftritt in Europa ausgesucht. Die Stadt war in einem emotionalen Ausnahmezustand. Obama verkörperte die Hoffnung auf einen Neuanfang nach den Jahren von George W. Bush. Nicht nur in den USA, sondern weltweit und auch für viele in Berlin. Es hatte einigen Wirbel im Vorfeld seiner Reise gegeben. Obama hatte vorgehabt, seine Rede vor dem Brandenburger Tor zu halten, aber Angela Merkel war dagegen gewesen mit der Begründung, dass dann in Zukunft jeder dort reden wolle.

Bevor Obama zur Siegessäule fuhr, hat er mich im Auswärtigen Amt besucht. Als seine Limousine in den Innenhof einbog, stand ich unten, um ihn zu empfangen. Szenen, wie sie sich an diesem Sommertag in meinem Ministerium abspielten, habe ich zuvor und danach nicht mehr gesehen. Ich hatte gar nicht gewusst, dass meine Mitarbeiterinnen und Mitarbeiter so aus dem Häuschen geraten konnten. Diplomaten sind Meister der Zurückhaltung und nur schwer zu beeindrucken. Doch an diesem Tag drängten sie sich an den geöffneten Fenstern der Büros. Alle wollten einen Blick auf den Gast aus Chicago erhaschen. Im Innenhof und die Gänge hinauf bis zu meinem Büro standen die besonders Mutigen Spalier, um Autogramme zu ergattern oder seine Hand zu schütteln. Das alles war so ganz im Gegensatz zu dem zurückhaltenden Obama. Ich erinnere mich, dass er in meinem Büro in der Sofaecke saß, völlig ohne Allüren. Es war sein erster Besuch in Berlin und nach ein paar einleitenden Sätzen über die transatlantischen Beziehungen haben wir darüber gesprochen, wie die Stadt zusammenwächst, sich neu entwirft, was den Osten vom Westen unterscheidet. Er war neugierig, wollte möglichst viel wissen über die Stadt, in der er gleich eine große Rede halten würde.

Wenige Monate später wurde er zum Präsidenten gewählt. Angela Merkel besuchte ihn in Washington, es war Wahlkampf in Deutschland, und Obama sagte vor laufender Kamera zu ihr – vielleicht wusste er auch nicht, dass die Kameras liefen –, sie müsse sich keine Sorgen machen, sie werde sowieso gewinnen. Ich war Kanzlerkandidat der SPD, und das wurde von den Medien natürlich genüsslich betont. Schließlich war ich es gewesen, der sich dafür eingesetzt hatte, dass Obama in Berlin einen würdigen Ort bekam, um seine Rede zu halten. Nun ja, für den nächsten Redeauftritt in den USA habe ich einen gut.

Weitere sechs Jahre später, im Herbst 2014, reiste der amerikanische Außenminister John Kerry nach Berlin. Genau 25 Jahre nach dem Fall der Mauer besuchten wir gemeinsam die Gedenkstätte am ehemaligen Grenzübergang Bernauer Straße. Es war ein kalter grauer, man könnte sagen: typischer Berliner Herbsttag, und es regnete in Strömen. Doch wir blieben lange draußen im Regen, denn vor dem Eingang der Gedenkstätte wartete eine Gruppe von Berliner Schülerinnen und Schülern und löcherte uns mit Fragen. Sie wollten alles über unsere Arbeit wissen, wo Konflikte herrschen und wie man Krieg und Unterdrückung auf der Welt beenden kann. Das Gespräch an der Mauer hat John Kerry sehr berührt, denn, so erzählte er mir später, als er selbst so alt war wie diese Schüler, lebte seine Familie in Berlin, und er fuhr einmal heimlich, ohne dass seine Eltern es mitbekamen, mit seinem Fahrrad über die Grenze von West nach Ost. Damals, das spürte er schon als kleiner Junge, zog sich die Grenze zwischen Freiheit und Unterdrückung und sogar die Gefahr eines Krieges mitten durch diese Stadt.

Termine wie solche sind keine Rituale, keine protokollarische Verneigung vor der Vergangenheit. Sondern Geschichte wirkt fort in der politischen Gegenwart, ganz besonders in der Außenpolitik. Im Jahr 2014 erlebte ich eine Gleichzeitigkeit von historischer Erinnerung und gefährlicher Gegenwart, die mir an manchem Tag geradezu Schauer über den Rücken jagte. Am Abend des 14. März 2014 diskutierte ich mit Historikern im Zeughaus Berlin über das Versagen der Diplomatie zu Beginn des Ersten Weltkriegs genau hundert Jahre zuvor. Zur selben Zeit breiteten sich russische Militäreinheiten auf der Halbinsel Krim im Schwarzen Meer aus und annektierten, erstmals seit Ende des Kalten Krieges, völkerrechtswidrig das Territorium eines souveränen europäischen Staates, der Ukraine. Der Ukraine-Konflikt hat die deutsche Außenpolitik seither in Atem gehalten. Gelöst ist er noch nicht, aber wir konnten Schritt für Schritt dazu beitragen, dass die enormen Gefahren der Eskalation gebannt, Waffenruhen vereinbart und der Weg zu einer politischen Lösung im Minsker Abkommen vorgezeichnet wurde. Das warnende Beispiel der Juli-Krise von 1914 hatten wir vor Augen: Niemals darf Diplomatie die Tür für Verhandlungen ganz zuschlagen, niemals Gesprächskanäle vollends kappen. Denn wenn die Gespräche verstummen, bleibt nur das Krachen der Kanonen. Oder, wie es der Historiker Christopher Clark bei unserer Diskussion an jenem Märzabend in Berlin formulierte: Diplomaten dürfen nie wieder Schlafwandler sein.

Außenpolitik in Verantwortung vor unserer Geschichte – darüber sprach ich auch ein Jahr später, am 23. April 2015, wiederum im Zeughaus Berlin, dem Deutschen Historischen Museum. Anlass war eine Ausstellung über das Ende des Zweiten Weltkriegs siebzig Jahre zuvor. Unter den Gästen dieser Veranstaltung war ein Zeitzeuge, ein rüstiger alter Herr aus Frankreich mit Namen Roger Bordage. Ich hatte Herrn Bordage wenige Tage zuvor kennengelernt, an einem der schlimmsten Erinnerungsorte von Berlin, dem ehemaligen Konzentrationslager Sachsenhausen. Auch dort wurde an das Ende des Krieges und die Befreiung des Lagers erinnert. Der neunzigjährige Herr Bordage kam den weiten Weg aus Frankreich dorthin, an jenen Ort, an dem er als junger Mann Höllenqualen durchlitten hatte. Er war als politischer Gefangener der Nazis in Sachsenhausen interniert gewesen. Siebzig Jahre nach seiner Befreiung kam er zurück, um eine Erinnerungsrede zu halten.

Es war ein schöner, sonniger Apriltag. Aber es war auch ziemlich windig. Gegen Ende seiner Rede wehte ihm ein Windstoß sein Manuskript vom Pult. Es gab Unruhe, einige Mitarbeiter liefen aufgeregt den Blättern hinterher und versuchten, sie aufzulesen. Aber nach einem kurzen Moment winkte der alte Herr Bordage ab und redete frei und ohne Vorlage weiter, in seiner Muttersprache, erst zögernd und dann immer beherzter, tief aus der Seele kommend. Was ihm wirklich wichtig sei, sagte er schließlich, sei danke zu sagen. Er danke Deutschland, dass das Land zu seiner Geschichte stehe und die Arbeit der Stiftung Sachsenhausen seit vielen Jahren großzügig unterstütze. Und er sagte nicht einfach »Deutschland«, sondern er sprach, ganz spontan und voller Überzeugung, von der *»Grande République d'Allemagne«*. Ich konnte es kaum fassen: Ein Franzose, ein stolzer Bürger der »Grande Nation«, ein Überlebender des deutschen Konzentrationslagers, am Ort seines Schreckens, sieht uns Deutschen ins Gesicht und spricht von einer *»Grande République«*. Ich hatte einen Kloß im Hals und dachte: Welch unglaubliche Gnade – und zugleich welch große Verantwortung!

Im Büro im Auswärtigen Amt, Berlin, Januar 2009

Mit John Kerry an der Berliner Mauer, Oktober 2014

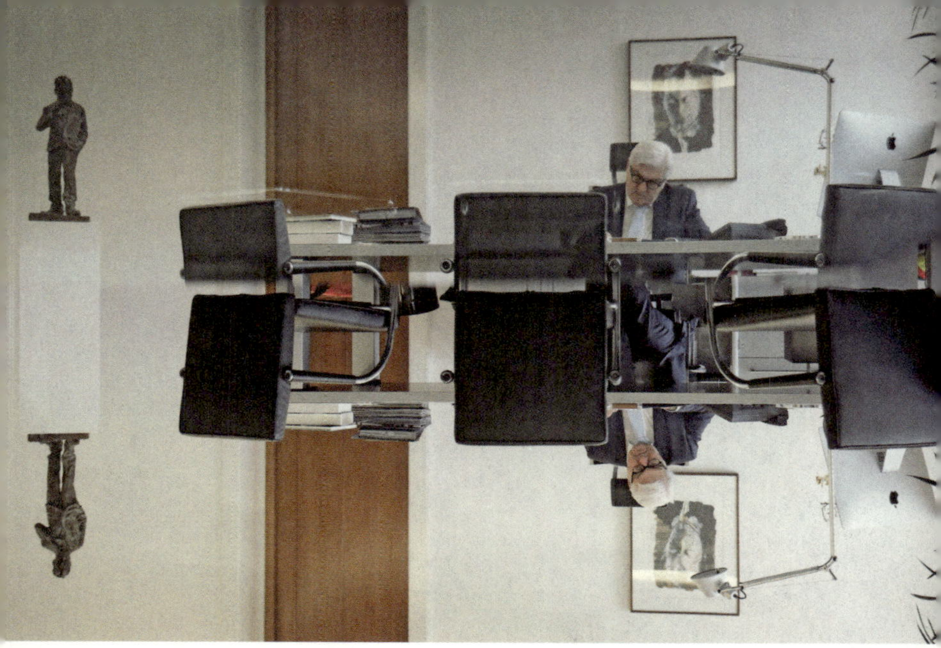

Ein Spiegel deutscher Geschichte: das Haus am Werderschen Markt, Berlin, Februar 2015

Mit Roger Bordage im ehemaligen Konzentrationslager Sachsenhausen, April 2015

1945 – NIEDERLAGE. BEFREIUNG. NEUANFANG.

23. April 2015
Deutsches Historisches Museum, Berlin

Europa, 1945. Niederlage – und Neuanfang. Sieg – und Vertreibung. Freude – und Verzweiflung. Unabhängigkeit – und Gefangenschaft. Wiederaufbau – und grenzenlose Erschöpfung. Niemand von uns Nachgeborenen kann die Fülle von Erinnerungen bemessen; die Tiefe des Erlebten ergründen; die gewaltigen Schatten erkennen, die dieses Jahr bis ins Heute hineinwirft.

Das versucht die Ausstellung »1945« auch nicht. Wer die Ausstellung betritt, wird im ersten Raum zunächst einmal überwältigt von der Vielzahl solcher Eindrücke – von Bildern, Zahlen, sogar Tönen. Doch die Ausstellung hilft den Besuchern, indem sie ihnen Menschen an die Hand gibt! Es sind die Geschichten von 36 Individuen aus zwölf Ländern Europas. Von Menschen wie dem Franzosen Roger Godfrin, der im Alter von acht Jahren als einziger Schüler das Massaker von Oradour-sur-Glane überlebt. Oder von der Widerstandskämpferin Henriette Bie Lorentzen, die nach dem Krieg mit ihrer Zeitschrift *Die Frau und die Zeit* den Wiederaufbau ihres Heimatlandes Norwegen prägen sollte. Die Idee zur Zeitschrift reift in ihr, während sie im KZ Ravensbrück unweit Berlins inhaftiert ist! Von Menschen wie dem belgischen Politiker Paul Henri Spaak, der nach dem deutschen Einmarsch ins Exil fliehen muss, und später, nach dem Krieg, nach der völligen Verwüstung die ersten Bausteine einer neuen internationalen Ordnung legt: als Präsident der ersten Generalversammlung der Vereinten Nationen, dann der Montanunion und später als Generalsekretär der NATO.

Und was so wichtig ist: Viele der Menschen, die 1945 erlebt haben, leben noch heute! Etwa Frau Popovicenko, die aus Leningrad stammt. Auf einem Foto sieht man sie fröhlich neben der Lehrerin inmitten ihrer 32 Klassenkameraden. Das ist 1941. 1942 schafft sie es gerade noch aus der belagerten Stadt. Als sie im Alter von 14 Jahren Ende Mai 1945 zurückkehrt, sind fast alle Klassenkameraden und ihre Lehrerin tot. Auch der Brite Ernest Kolman lebt noch. Eigentlich hieß er Ernst Kohlmann, ein jüdischer Junge aus Köln, den ein Kindertransport nach England gerettet hat. Am 8. Mai 1945 fliegt er als Soldat der Royal Air Force über sein zerstörtes Kölner Elternhaus! In der Ausstellung ist das Logbuch dieses unglaublichen Fluges zu sehen. Auch er wird zur Ausstellung nach Berlin kommen. Oder Frau Brandstetter: Als Säugling wird sie 1945 von amerikanischen Truppen in Österreich gefunden, vermutlich das Kind einer Zwangsarbeiterin aus dem Osten. Heute sagt sie: »Ich habe nie Geburtstag gefeiert. Ich weiß ja nicht, wann ich geboren bin.« Oder Roger Bordage, der die Hölle von Sachsenhausen überlebt und nach der Befreiung sein ganzes Berufsleben in den Dienst der internationalen Zusammenarbeit und Entwicklung gestellt hat.

Wir verneigen uns vor ihnen allen. Wir, die wir in jenem Land leben, in dessen nationalistischer Übersteigerung und Rassenwahn all dieses unermessliche Leiden seinen Ausgang hatte; dieser Krieg, der fünfzig Millionen Menschenleben kostete und Abermillionen heimatlos machte. In jenem Land, das sich des Menschheitsverbrechens der Schoah schuldig gemacht hat.

Wir Deutsche haben also einen besonderen Blick auf 1945; und müssen ihn haben. Für uns Deutsche war das Kriegsende

1945 in erster Linie eine Befreiung – auch wenn es lange gedauert hat, bis das der Selbstwahrnehmung der gesellschaftlichen Mehrheit entsprach. »[Der 8. Mai] hat uns alle befreit von dem menschenverachtenden System der nationalsozialistischen Gewaltherrschaft« waren die gleichzeitig Epoche machenden wie erlösenden Worte unseres Bundespräsidenten Richard von Weizsäcker vierzig Jahre nach Kriegsende, 1985.

Manche wollten seine Worte als Befreiung von der Vergangenheit missverstehen. Genau das waren sie nicht! Befreit wurden wir vom nationalsozialistischen Terror-Regime. Und in dieser Befreiung *von* lag zugleich eine Befreiung *zu* etwas: Indem wir befreit wurden vom dunkelsten Irrweg unserer Geschichte, wurden wir befreit zu »mehr Licht« auf unserem Weg nach vorn: zu Wachsamkeit und zur Selbstverpflichtung für diejenigen menschlichen und politischen Prinzipien, die Deutschland auf beispiellose Art und Weise geschändet hatte. In unserer Befreiung also liegt zugleich unsere Verantwortung. Auf ihre allerknappste Formel gebracht, hallt diese Verantwortung in zwei Worten wider, die jede deutsche Generation seit 1945 geprägt haben – in der Zwei-Wörter-Formel des »Nie wieder«!

Vor dreißig Jahren galt Weizsäckers Wort von der Befreiung in erster Linie dem deutschen Selbstverständnis im Innern. »Die Wahrheit ist dem Menschen zumutbar«, hat Ingeborg Bachmann geschrieben. Und Richard von Weizsäcker hat sie uns zugemutet. Er half Deutschland, sich von einer Lebenslüge zu befreien. Er hat die Deutschen gezwungen, sich von Ernest Kolman, Katharina Brandstetter, Larisa Popovicenko oder Roger Bordage an die Hand nehmen zu lassen.

Noch lange nicht ist die Arbeit abgeschlossen, die mit Weizsäckers Wort von der Befreiung begonnen hat. Und vielleicht müssen wir diese Arbeit, diese Verantwortung heute mehr denn je nicht nur im Innern unserer Gesellschaft, sondern auch in unserer internationalen Rolle suchen.

Schauen wir mit diesem internationalen Blick zurück auf 1945, so markiert dieses Jahr nicht nur das Ende der globalen Kriegskatastrophe. Sondern 1945, auf den Trümmern Europas, beginnt zugleich der schwierige Aufbau einer neuen internationalen Ordnung.

Zentrales Element dieser Ordnung ist bis heute die Charta der Vereinten Nationen. Auch dieser Meilenstein fällt ins Jahr 1945. Es lohnt sich, daran einen Moment lang zu erinnern. Denn heute, wo neue, aufstrebende Mächte auf die Weltbühne treten, aus Asien oder Lateinamerika, da mehren sich Zweifel, ob denn diese Vereinten Nationen überhaupt noch ein zeitgemäßes Bild unserer Welt abgeben – oder ob sie nicht ein Produkt des »alten Westens« seien, Abdruck eines verblassenden transatlantischen Zeitalters.

Solchen Stimmen sage ich: Schaut zurück auf 1945! Die allgemeine Erklärung der Menschenrechte war die gemeinsame Antwort der Weltgemeinschaft auf die einzigartigen Schrecken des Krieges und der Nazi-Verbrechen. Nicht nur der sogenannte Westen, sondern auch die Sowjetunion, auch viele Staaten in Asien oder Lateinamerika haben 1945 ihr »Nie wieder« in Völkerrecht gegossen. Gerade wir Deutschen tun heute gut daran, an die zeitlose und universelle Gültigkeit dieser Dimension des »Nie wieder« zu erinnern.

Deutschland selbst war 1945 freilich kein Teil der neu entstehenden Ordnung, sondern war Objekt der neuen Ordnung. Nie wieder sollte Unheil von diesem Land ausgehen.

Was ist seither geschehen? Deutschland ist in den vergangenen siebzig Jahren vom Objekt der Ordnung zu einem anerkannten Teil der Ordnung geworden. Nicht zuletzt deshalb, weil viele Opfer dem Land der Täter die Hand gereicht haben. Viele andere Gedenktage in diesem Jahr 2015 erinnern an die Wegmarken dieses vorsichtigen Hineinwachsens: die Gründung der NATO vor sechzig Jahren, die Gründung der KSZE vor vierzig Jahren und schließlich die Wiedervereinigung

Deutschlands vor 25 Jahren. Auch das fünfzigjährige Jubiläum der Beziehungen der Bundesrepublik mit dem Staat Israel, das wir in wenigen Wochen begehen, steht in besonderer Weise für diese glückliche Entwicklung.

Aber das sind nur die politischen Daten, die Fakten aus den Geschichtsbüchern. Ihre Tiefe können wir erst verstehen, erst nachempfinden, wenn wir an die Menschen denken: an die Franzosen, Belgier, Briten oder Norweger, von denen ich erzählt habe. Dann erst sehen wir das Wunder der Versöhnung, ja sogar der Freundschaft, das seither gewachsen ist!

Ein ganz stilles Objekt in dieser Ausstellung hat mich besonders berührt. Es ist ein Kleid, das in einer Vitrine hängt. Eine Französin, eine Mutter und liebende Ehefrau namens Suzanne hat es für ihre Tochter Jeanine genäht als Festkleid für den Tag, an dem Jeanines Vater aus dem Krieg wiederkehren würde. Ein wunderschönes Kleid – in Blau, Weiß und Rot natürlich, der Trikolore; und auf die Brust gestickt das Lothringer Kreuz des Widerstands. Dieses schöne Kleid ist nie getragen worden! Und doch ist zwischen Frankreich und Deutschland eine Freundschaft gewachsen – eine Freundschaft, die zum Fundament Europas geworden ist!

Deutschland ist hineingewachsen in die Weltgemeinschaft, und wir können dankbar dafür sein. Heute ist Deutschland sogar so eng und so vielfältig mit der Welt verflochten wie kaum ein zweites Land – und zwar nicht nur wirtschaftlich, sondern auch technologisch, kulturell, gesellschaftlich. Im Umkehrschluss heißt das: Als meistvernetztes Land ist Deutschland wie kein zweites Land auf eine funktionierende internationale Ordnung angewiesen. Unser Wohlstand und unsere Sicherheit hängen davon ab, dass internationale Spielregeln eingehalten werden. Es ist also in unserem ureigenen Interesse, dass wir uns für den Erhalt und die Stärkung von internationaler Ordnung einsetzen.

Aber das ist eben nur die *eine* Begründung für unsere Außenpolitik – eine ökonomisch-rationale. Wenn wir heute zurückschauen auf das Jahr 1945 und auf das Hineinwachsen in die Weltgemeinschaft, das Deutschland seither vergönnt war – und besonders wenn wir an all diese Menschen und ihre Schicksale denken –, dann liegt heute in unserem Engagement für eine friedliche internationale Ordnung nicht nur nationales Eigeninteresse, sondern unsere historische Verpflichtung; so wie Richard von Weizsäcker sie uns zugemutet hat. Deutschland, dereinst Brandstifter und Anstifter von Unordnung, muss heute in besonderem Maße Stifter von Ordnung sein; muss – mehr als andere – engagiert sein für politische Lösungen in Konflikten und den Erhalt von friedenssichernden Strukturen.

Wie soll das gehen? Keine Frage: Der Aufbau von internationaler Ordnung ist schwierig, langwierig, reich an Widersprüchen. Das zeigt sich schon im Jahr 1945. 1945 steht für die universelle Charta der Vereinten Nationen genauso wie für Ost-West-Gegensatz und den Beginn des Kalten Krieges, der das prägende Ordnungsprinzip der kommenden Jahrzehnte sein würde.

Heute ist der Aufbau internationaler Ordnung nicht weniger schwierig und widerspruchsvoll. Seit 1990 ist die bipolare Ordnung des Kalten Krieges überwunden – zum großen Glück für unser Land! Doch eine neue Ordnung ist noch nicht an ihre Stelle getreten. Die tektonischen Platten der Weltpolitik verschieben sich und tradierte Ordnungsstrukturen geraten unter Druck. Der Druck kommt von mehreren Seiten: Einerseits betreten selbstbewusste Staaten wie China, Indien und Brasilien die Weltbühne und fragen, ob die Einbindung in internationale Spielregeln nicht zu sehr auf Kosten ihrer nationalen Manövrierfähigkeit geht. Auf der anderen Seite, ganz im Gegenteil, sehen wir eine Verschiebung weg von zwischenstaatlichen Konflikten hin zu Bedrohungen, die geprägt sind von nichtstaatlichen Akteuren – Akteuren, die sich nicht ans

Völkerrecht gebunden sehen; auch nicht an humanitäre Mindeststandards, die Gruppen wie ISIS oder Boko Haram auf so abscheuliche Weise verletzen. Diesen neuen Bedrohungen stehen in einigen Weltregionen schwache, *zu* schwache Staaten gegenüber, deren staatliche Funktionen im Angesicht von Terrorgruppen, Epidemien oder Flüchtlingswellen versagen.

Gegen diese Erosion von Ordnung muss Deutschland Haltung zeigen – eine Haltung, die historisch gelernt sein sollte. Wir haben selbst erfahren, dass sich nationale Souveränität und internationale Regelsetzung nicht widersprechen, sondern im Gegenteil: dass ein souveräner Staat sich dann am besten entfalten wird, wenn er sich in internationale Spielregeln einbinden lässt und zugleich für deren Gestaltung Mitverantwortung übernimmt.

Diese deutsche Erfahrung bricht sich am Jahr 1945. Das Beispiel Nazi-Deutschlands *bis* 1945 steht für das Unheil eines entfesselten, übersteigerten Nationalismus, dem jede Einbindung zuwider ist. Die Entwicklung Deutschlands *nach* 1945, zunächst des westlichen Teils, bietet das Gegenbeispiel: die schrittweise Entwicklung und Selbstfindung einer Nation in und durch ständige internationale Einbindung. Zunächst – nach 1945 – geschieht diese Einbindung Deutschlands nicht nur aus freien Stücken. Doch je fester die Einbindung über die Jahrzehnte, desto mehr wächst Vertrauen in Deutschland heran. So finden 1990 endlich die beiden Teile Deutschlands als wiedervereintes Ganzes in die internationale Gemeinschaft. Und je mehr Deutschland über die letzten 25 Jahre nach der Wiedervereinigung, gerade *dank* seiner Vernetzung, wieder erstarkt ist, desto mehr wird Deutschlands Einbindung zur bewussten Selbsteinbindung.

Heute, 25 Jahre nach Wiedererlangung der nationalen Einheit – Deutschland ist wirtschaftlich gefestigt, politisch stabil und mit Einfluss –, *gerade* heute muss unsere Außenpolitik frei bleiben von aller Selbstüberschätzung und Überheblichkeit.

Gerade heute, wo mehr Augen auf uns schauen als zuvor, muss unsere Selbsteinbindung umso bewusster sein! Darin liegt in meinen Augen eine außenpolitische Lehre aus 1945: Zur Zwei-Wörter-Formel des »Nie wieder« tritt in unserer Außenpolitik noch ein Wort hinzu. »Nie wieder« heißt für uns Deutsche auch: »Nie wieder *allein*«!

Dieses »Nie wieder allein« ist mehr als ein Prozess-Hinweis. Es ist Teil unseres Selbstverständnisses geworden. »Nie wieder allein«, weil wir die Hände von Ernest Kolman, Katharina Brandstetter, Roger Godfrin oder Henriette Lorentzen nicht mehr loslassen. »Nie wieder allein« sollte uns Deutschen nicht nur eine Warnung der Geschichte sein, sondern zugleich ein Aufruf für die Zukunft: der Aufruf, Verantwortung für internationale Ordnung zu übernehmen; für diejenigen Regeln, Institutionen und Gesprächsforen, die notwendig sind, damit sich Nationen auch in dieser vernetzten und unübersichtlichen Welt frei entwickeln und zugleich friedlich miteinander umgehen können.

Noch ein Foto hängt in dieser Ausstellung. Am 5. Mai 1945, dem Tag des Kriegsendes in Dänemark, stehen dänische Widerstandskämpfer vor dem verschlossenen Tor eines Ladens. Am Tor hängt ein Schild, auf dem steht: »Wegen Freude geschlossen«.

Ist es nicht fast ein Wunder, dass heute ein Deutscher vor diesem Foto stehen kann, neben ihm Besucher aus Italien oder Polen oder vielleicht sogar aus Dänemark – und dass wir diese Freude gemeinsam fühlen können? Da verbindet sich das »Nie wieder« mit dem »Nie wieder allein«.

IN DER DIPLOMATIE,
ANDERS ALS IM ECHTEN LEBEN,
IST PENETRANZ EINE TUGEND

Showdown auf dem Maidan –
Lagerkoller in Wien –
Krisenbericht vor der Generalversammlung

Am 20. Februar 2014 machte ich mich auf den Weg nach Kiew. Meine Kollegen aus Polen und Frankreich, Radek Sikorski und Laurent Fabius, waren mit dem gleichen Ziel unterwegs. Wir hatten die Situation in der Ukraine verfolgt und waren uns am Telefon einig: Wir können nicht länger zuschauen. Seit mehreren Wochen war die Lage in der Stadt angespannt. Auf dem Maidan protestierten und campierten Tausende von Regimegegnern. In den Tagen vor unserer Krisenreise eskalierte die Situation. Am Tag unserer Ankunft kamen über sechzig Menschen zu Tode – keine hundert Meter entfernt vom Präsidentenpalast, in dem wir zu Verhandlungen mit Wiktor Janukowytsch, dem Präsidenten der Ukraine, zusammengekommen waren. Ich war im Gefühl des Notstands angereist, doch zugleich – ehrlich gesagt – ohne sonderlich große Hoffnungen.

Die Umstände des Krisentreffens waren provisorisch. Erst fuhren wir zum Präsidentenpalast auf der Bankowa, wenige hundert Meter vom Maidan entfernt. Den letzten Teil der Strecke mussten wir zu Fuß zurücklegen, bewacht von einem Spalier aus Soldaten. Doch als wir ans Tor kamen, schickte man uns zurück zu den Autos, der Präsident sei nicht hier. Es folgte eine gespenstische Blaulichtfahrt durch Kiew, die Stadt war in weiten Teilen wie leergefegt. Am Fahrtziel hieß es »Kommando zurück«, der Präsident sei im Amtssitz. Wieder mussten wir durch die Menge von Soldaten, die immer mehr anschwoll. Geheimpolizisten, Berkut-Einheiten, verschiedene Kampfverbände versammelten sich dort, am Tor luden Soldaten schwere Waffen und Munitionskisten aus Lkws. Uns war schlagartig klar: Der Präsidentenpalast wird zur Festung vorbereitet. Die Schlacht um die Bankowa hätte Hunderte Opfer gefordert.

Dann begannen die Verhandlungen. Meine Mitarbeiter hatten keinen Zugang zum Sitzungsraum, nur ein kleinster Kreis von Verhandelnden wurde hineingelassen. Die meisten meiner Mitreisenden mussten in einer zugigen, eiskalten Vorhalle warten. Ich hielt SMS-Kontakt mit ihnen, und von ihrer Stellung aus versuchten sie jeden Anhaltspunkt für mögliche Lösungen festzuhalten und auszuformulieren. Die Vorhalle, das wurde meinen Mitarbeitern schnell klar, war eine Art Rückzugsraum für die draußen kämpfenden Soldaten und Polizisten. Männer mit Schmauchspuren im Gesicht und Gewehren im Anschlag gingen ein und aus, völlig entkräftet sahen sie unter ihren Helmen aus.

Es war uns gelungen, meinen IT-Mitarbeiter in die Beratungen hineinzuschleusen, aber nur mit Hilfe eines Schwindels. Die Sicherheitsleute hatten ihn abgewiesen: »Sie stehen nicht auf der Liste!« Aus dem Augenwinkel sah der IT-Berater den Namen eines ranghohen deutschen Diplomaten auf der Zugangsliste, der nicht mit nach Kiew gekommen war. »Das bin ich!«, rief er kurzerhand. Leider waren auf der Namensliste auch Fotografien, und die Sicherheitsleute blickten skeptisch zwischen dem IT-Experten und dem Foto eines 15 Jahre älteren Diplomaten hin und her. Nach weiteren Beteuerungen seinerseits und vermutlich unter dem sich breitmachenden Gefühl von Kontrollverlust ließen sie den IT-Experten schließlich herein. Seine Ausrüstung sollte sich als existentiell erweisen.

Wir waren derweil schon ins Gespräch vertieft. Zu dritt drangen wir auf Janukowytsch ein, und allmählich schimmerte die Hoffnung auf, dass es möglich sein könnte, einen Waffenstillstand zu vereinbaren. Eigentlich hatten wir am Abend zurückfliegen wollen. Fabius musste weiter nach Peking reisen. Janukowytsch bat Sikorski und mich zu bleiben. Ich sagte: »Ja, wir bleiben dran, aber dann lasst uns auch konkrete Vereinbarungen treffen.« Ich schrieb meinen Mitarbeitern eine SMS in die Vorhalle: »Hier geht was.« Langsam schälte sich ein Fünf-Punkte-Plan heraus. Um zwei Uhr nachts bat ich die anderen Verhandlungspartner, weitere Experten und Diplomaten in den Kreis aufzunehmen, um unsere Absprachen genauer auszuarbeiten. Ich ging hinaus, um meine Mitarbeiter zu holen. Der deutsche Botschafter, mein Büroleiter und der Pressesprecher hatten abwechselnd versucht, auf dem kalten Fußboden die Augen zuzumachen. Hinzu kamen nun auch Arsenij Jazenjuk, Vitali Klitschko und der Führer der rechten Swoboda-Partei, darüber hinaus ein von Russland entsandter Diplomat. In den folgenden Stunden wurden jede Menge Zettel hin- und hergeschoben, es wurden unzählige Telefonate geführt. In einem Nebenraum wurde an weiteren Details verhandelt. Irgendwann standen auch ein paar Happen Essen auf dem Tisch, auf die wir uns dankbar stürzten, ich erinnere mich genau: große graue Brotquader mit ziemlich üppigen Wurststücken darauf.

Die Textarbeit wurde immer komplizierter, und schließlich rief – ganz zu Recht! – der polnische Außenminister: »Hat hier überhaupt jemand einen Computer?« Ich zeigte auf meinen eingeschleusten IT-Mitarbeiter. Ab sofort drehte sich alles um den »Mann mit dem Laptop«. Er setzte sich an den Schreibtisch des Präsidenten und sollte die verhandelten Details in das Textdokument einarbeiten. Alle paar Minuten kamen die Verhandlungsführer in den Raum, mal Klitschko, mal Jaseniuk, mal Sikorski, und redeten gleichzeitig auf ihn ein: »Das müssen wir noch ändern!« – »Und das auch noch!« Woraufhin der Nächste sagte: »Auf keinen Fall, das ist doch schon geklärt!« Und das Spiel ging von Neuem los. Ein paar Tage später sagte mein IT-Berater lachend zu mir, er wisse jetzt, was die Redewendung vom »rauchenden Kopf« bedeutet. Bis 6 Uhr morgens ging es so weiter, und dann endlich kam der Durchbruch: Wir hatten uns auf einen Fünf-Punkte-Plan geeinigt, in dem ein Waffenstillstand, eine Beteiligung der Opposition an der Regierung und schließlich Neuwahlen vereinbart wurden. Der »Mann mit dem Laptop« hatte alles auf drei Seiten festgehalten.

Danach sind wir Deutschen kurz in ein Hotel gegangen, die Kollegen der Botschaft hatten in der Zwischenzeit ein kleines Krisenset für uns zusammengesucht, mit frischer Unterwäsche, Zahnbürste und Zahnpasta. Es war ja nicht geplant, über Nacht zu bleiben. Nach kurzer Verschnaufpause verließen wir das Hotel wieder.

Vormittags um 11 Uhr sollte das Abkommen unterschrieben werden, aber kurz zuvor kam Vitali Klitschko ins Präsidialamt und sagte, er könne den Maidan-Rat nicht von den Vereinbarungen überzeugen. Klitschko war Vertreter der ukrainischen Opposition, und der Maidan-Rat war ein Zusammenschluss verschiedener Oppositionsgruppen, mit dem Ziel, die Protestbewegung zu koordinieren. Erst gab es die Überlegung, dass die Verhandlungsführer der Opposition gemeinsam zum Maidan-Rat gehen sollten, um das Gespräch zu suchen, doch dann waren alle der Meinung, dass das nicht ausreichen würde und dass stattdessen Radosław Sikorski und ich versuchen sollten, den Maidan-Rat zu überzeugen. Wir eilten, unter größter Anspannung unserer Personenschützer, durch Barrikaden und Straßensperren, Rauchsäulen in der Luft, zum Metropol-Hotel in der Nähe des Maidan. Schüsse waren zu hören. Die Atmosphäre im Maidan-Rat war aufgeheizt. Wir wurden kurz vorgestellt, und dann hielten Sikorski und ich spontan eine Rede. Es ergab sich eine Arbeitsteilung. Sikorski hielt ein leidenschaftliches Plädoyer für die Chance des Augenblicks und die demokratische Zukunft der Ukraine. Ich sagte, dass es in solchen Situationen nie eine perfekte Lösung gebe. Auch diese Vereinbarung sei nicht perfekt, aber die einzige Alternative zu weiterem Blutvergießen. Eine bessere wird nicht kommen – nicht einmal Verhandlungen wird es mehr geben!

Einige der Anwesenden sträubten sich dennoch vehement gegen jeglichen Kompromiss mit Janukowytsch. Dann meldete sich Borys Tarasjuk, er war zuvor Außenminister der Ukraine gewesen, und auch er wendete sich gegen das Abkommen. Ich kannte ihn noch von früher und sagte zu ihm: »Borys, du kennst das Geschäft so gut wie ich. Der Verhandlungsprozess hat jetzt mehr als dreißig Stunden gedauert, und du weißt so gut wie ich: Es wird keine zweite Einigung geben. Wenn wir jetzt nicht unterschreiben, ist der Prozess zu Ende, und nach den sechzig Toten von gestern ist das Risiko hoch, dass es noch mehr Tote geben wird.«

Nach Diskussionen voller Emotionen und Empörung haben Sikorski und ich den Saal verlassen, damit die Mitglieder des Maidan-Rats abstimmen konnten. Am Ende gab es eine Mehrheit für die Vereinbarung.

Leider war diese hart erkämpfte Vereinbarung bald wertlos, denn Wiktor Janukowytsch setzte sich nach Russland ab, und wenig später tauchten vermummte russische Einheiten auf der Krim auf. Der Ukraine-Konflikt entwickelte sich in seinen nächsten Aggregatszustand. In der Nacht vom 20. Februar haben wir den Stein des Sisyphos den Berg hochgerollt, und ein paar Tage später lag er wieder unten. Von den vielen Anleihen aus der griechischen Mythologie, die ich regelmäßig in den außenpolitischen Kommentaren unserer Zeitungen lese, von Damoklesschwert bis Herkulesaufgabe, ist mir die Sisyphos-Analogie die liebste. Denn sie ist nicht nur oft genug zutreffend, sondern wir müssen uns Sisyphos bekanntlich »als glücklichen Menschen« vorstellen, und das empfinde ich bei meiner Arbeit gerade dann, wenn doch einmal ein Stein oben bleibt.

Krisendiplomatie ist ein zähes Geschäft, und Hartnäckigkeit die wichtigste Sekundärtugend. In Kiew haben wir eine Nacht und einen Tag lang durchverhandelt. Im Vergleich zu den Iran-Verhandlungen könnte man das beinahe kurzweilig nennen. Keinen anderen Verhandlungsprozess habe ich so lange und so intensiv mitverfolgt wie den Streit über das iranische Atomprogramm. Meine allererste internationale Konferenz als Außenminister 2005 führte mich zu einem multilateralen Treffen zur Iran-Frage. Zehn Jahre habe ich daraufhin in wechselnden Rollen den Prozess begleitet. Im Juli 2015 gelang uns der Durchbruch: die Wiener Vereinbarung, am Ende von zwei langen Konferenzen im Jahr 2015.

Die erste fand in Lausanne statt, Tage und Nächte verbrachten wir im Hotel Beau Rivage am Ufer des Genfer Sees. Am Ende fasste es einer meiner Mitarbeiter zusammen: ein altmodisches Schweizer Hotel vor schneebedeckten Alpengipfeln, eine höchst ungleiche Gruppe von Gästen aus aller Welt, die vor lauter nicht enden wollenden Diskussionen Tag und Nacht vergessen und viel länger bleiben als geplant – wir haben Thomas Manns *Zauberberg* nachgespielt, nur hoffentlich mit besserem Ausgang.

Die zweite und entscheidende Konferenz fand in Wien statt. Am 28. Juni 2015 sind die Außenminister angereist, am 14. Juli wurde die Vereinbarung unterzeichnet. Währenddessen verlegten wir praktisch meine Amtsgeschäfte vom Werderschen Markt ins Wiener Hotel. Für bestimmte Einzeltermine sind wir nach Berlin geflogen, aber abends wieder zurück nach Wien, weil wir nahezu ständig mit entscheidenden Verhandlungsmomenten rechneten und vor Ort sein mussten. So ein Basislager ist in Zeiten der modernen Diplomatie eine große Ausnahme. Und ein gewisser Lagerkoller stellte sich nach einer Weile auch ein. Tagelang sahen wir kein rechtes Sonnenlicht, weil die Amerikaner aus Sicherheitsgründen alle Fenster hatten abdunkeln lassen. Dennoch vereinte alle Beteiligten das Gefühl, dass es sich lohnen würde, länger zu bleiben. Der Druck war groß, weil die Sanktionen gegen den Iran am 30. Juni ausliefen und die Europäische Union und die USA sie im Prinzip täglich verlängern mussten.

So ein Vertragswerk ist auf Tausende von Seiten angelegt, das Allermeiste war längst geklärt. Es gab nur noch eine überschaubare Anzahl von kleinen Klammern, für die wir Kompromisse finden mussten. Aber diese kurzen Stellen trugen natürlich die entscheidenden politischen Streitfragen in sich, der Teufel steckte sozusagen »in den Klammern«. Wir haben jeden Abend auf eine Einigung gehofft, aber dann kam doch wieder etwas dazwischen und dann wieder und wieder. Tagsüber tagten diverse Untergruppen, mal Amerikaner mit Iranern, mal die Europäer untereinander, abends berief die Europäische Union, die den Vorsitz innehatte, alle Teilnehmer ein, und nicht selten machte eine einzige Streitfrage den Fortschritt des Tages wieder kaputt. Am nächsten Morgen ging es dann von vorne los.

Eine wiederkehrende und bisweilen kuriose Sitzungsformation waren die Erklärungen des amerikanischen Energieministers. Herr Moniz ist ein freundlicher Herr mit langen grauen Locken, der jahrzehntelang als Physikprofessor gearbeitet hatte, bevor er Politiker wurde. Nun führte er die Sachverhandlungen mit seinem iranischen Amtskollegen über Zentrifugen, Rotoren, Sicken und Nagellager. Zwei Experten unter sich, die abends ihren Verhandlungsleitern erklären sollten, worüber sie sich verständigt hatten. Herr Moniz sprudelte in seinen Erklärungen nur so mit physikalischer Fachsprache, während wir Außenminister uns größte Mühe gaben, verständig dreinzuschauen. Keiner wollte eingestehen, was vermutlich auf alle zutraf: Wir verstanden nur Bahnhof. Zum Glück hatte jede Delegation ihre eigenen Experten dabei, die uns hinterher erklärt haben, um was es eigentlich ging.

Ich habe während all der Jahre, in denen wir verhandelt haben, nicht nur das eine und andere über Atomphysik gelernt, sondern auch über kulturelle Unterschiede im Verhandeln und Diskutieren. Die einen nannten es Verhandlungsgeschick, die anderen fanden es einfach nur anstrengend: Oft genug geschah es, dass die iranischen Partner in besonders brenzligen Situationen nicht zum Punkt kamen, sondern erst recht ausholten! Da wurde schon mal die iranische Geschichte der vergangenen 2000 Jahre erläutert, bevor sie ein substantielles technisches Problem ansprachen. Geduld und Beharrlichkeit sind entscheidende Eigenschaften für die Krisendiplomatie. Und es ist wichtig, einen klaren Kopf zu behalten in Situationen, in denen sich der politische Druck erhöht. Man muss verhindern, was die Amerikaner letztlich in die Falle des Irakkriegs geführt hat: auf zunehmenden politischen Druck mit einer Kaskade aus gegenseitig vorgegebenen roten Linien zu reagieren. Ein solcher Automatismus lässt irgendwann keinerlei Verhandlungsspielraum mehr zu. Diese Gefahr gab es auch während der Iran-Verhandlungen: immer neue rote Linien, dadurch immer mehr Druck nach immer größeren Sanktionen.

Es ist nicht meine Art, Gespräche eskalieren zu lassen, das führt nur selten zum Ziel. Doch während der Iran-Verhandlungen bin ich zweimal laut geworden, was seine Wirkung hatte, weil es für alle Beteiligten unerwartet war. Ich gebe zu: Das war eine kalkulierte Eskalation. Wenn einer, der sonst eher ruhig und ausgleichend ist, mal laut wird und droht, seine Unterstützung zurückzuziehen, dann horcht sein Gegenüber auf.

Und wenn alles zu scheitern droht, helfen manchmal nur ganz grundsätzliche menschliche Regungen. Der Fußball zum Beispiel. Im Jahr zuvor, Sommer 2014, standen wir nach wochenlangen Verhandlungen, ebenfalls in Wien, mal wieder ohne Ergebnisse und voller Enttäuschung da. Womöglich war es damals die Fußball-Weltmeisterschaft, die den seidenen Faden zwischen den Verhandelnden zusammengehalten hat. Abends haben wir uns manches Spiel zusammen angeschaut und die Gemüter ein wenig abgekühlt. Auch die Iraner, so stellte sich da heraus, sind große Fußballfans, insbesondere bei diesem Turnier, denn der Iran hatte sich für Brasilien qualifiziert. Nachdem ihr Team ausgeschieden war, hat die iranische Delegation mit der deutschen Mannschaft mitgefiebert. Nur nach einem einzigen Sieg gab es eine Lektion in Sachen persischer Höflichkeit: Das 7:1 gegen den Gastgeber sei ja nun doch etwas unfein gewesen, sagte ein iranischer Diplomat zu einer deutschen Kollegin.

Der menschliche Faktor ist in Verhandlungen sehr wichtig. In der Außenpolitik wird das oft unterschätzt. Es braucht den sprichwörtlichen »persönlichen Draht«, um manches, was politisch heikel ist, ansprechen zu können, ohne dass das Ansprechen selbst zum Problem wird.

Ich erinnere mich zum Beispiel an 2007, als es tiefgreifende Störungen im deutsch-chinesischen Verhältnis gab, nachdem die Bundeskanzlerin den Dalai-Lama empfangen hatte. Ich hatte damals einen chinesischen Amtskollegen, zu dem ich einen sehr direkten Gesprächskanal pflegte. Wir blieben über Wochen und Monate im Zwiegespräch und überlegten, wie sich verhindern ließe, dass sich diese Krise zu einer Dauerkrise im deutsch-chinesischen Verhältnis auswüchse. Gerade im Austausch mit schwierigen Partnerstaaten ist eine persönliche Brücke wichtig. Wahrlich oft habe ich beispielsweise mit meinem russischen Amtskollegen Sergej Lawrow gerungen, den ich seit mehr als zehn Jahren kenne. Wir wissen, wo unsere Differenzen liegen, aber wir teilen auch einen hohen Anspruch an die Professionalität und Ernsthaftigkeit unserer jeweiligen Position. So können wir Meinungsverschiedenheiten offen besprechen, aber auch zusammenarbeiten, wo das möglich ist, beispielsweise bei den Iran-Verhandlungen oder bei anderen Konfliktherden im Mittleren Osten.

Manchmal können Krisenzeiten sogar Zeiten sein, in denen man enger zusammenwächst. Während der Iran-Verhandlungen habe ich mich mit John Kerry, dem amerikanischen Außenminister, angefreundet. Die Verhandlungspausen, die unzähligen Momente des Leerlaufs, in denen wir erschöpft und deprimiert waren, aber auch die Euphorie, die wir teilten, als es auf das Ergebnis zulief – all das gemeinsam Erlebte hat uns menschlich näher gebracht, und wir haben über die Jahre entdeckt, dass wir in unseren Grundkoordinaten der Außenpolitik recht ähnlich ticken: Dialog, Beharrlichkeit, Rückschritte einstecken und immer wieder nachfassen auf der Suche nach politischen Lösungen.

Am 14. Juli 2015, dem Tag der Unterzeichnung, nach einer durchverhandelten Nacht, kurz bevor wir vor die Presse traten, kamen alle Außenminister ein letztes Mal zusammen. John Kerry ergriff das Wort. Er, selbst ein hochdekorierter Vietnam-Veteran, der den Wahnsinn des Krieges am eigenen Leibe erfahren hat, stand auf und sagte einfach: »*Today, we avoided war.*« Ihm standen Tränen in den Augen. Das war ein Moment, den ich nicht vergesse.

Die deutsche Delegation bei der Arbeit während der Atom-Verhandlungen, Wien, Juli 2015

Pressekonferenz nach Abschluss der Verhandlungen über das iranische Atomprogramm, Wien, Juli 2015

Mit Laurent Fabius und Radek Sikorski auf dem Weg in den Präsidentenpalast, Kiew, Februar 2014

Barrikaden auf dem Maidan, Kiew, Februar 2014

70. GENERALVERSAMMLUNG DER VEREINTEN NATIONEN

1. Oktober 2015
New York

Vor siebzig Jahren drang ein Lichtstrahl ins dunkle 20. Jahrhundert: die Gründung der Vereinten Nationen. Es war ein wegweisender Moment für unsere Welt. Doch er geschah nicht auf der grünen Wiese, nicht bei eitel Sonnenschein. Sondern auf den Trümmern des Zweiten Weltkriegs und über den Gräbern von fünfzig Millionen Toten; im aufziehenden neuen Winter des Kalten Krieges gelang es den Müttern und Vätern der Vereinten Nationen, ein neues Fundament von Ordnung zu gießen. Eine Ordnung, die nicht perfekt ist, die uns aber häufig genug geschützt hat vor dem Rückfall in alte Barbarei.

Heute leben wir offensichtlich wieder in unfriedlichen Zeiten. Millionen Menschen leiden unter Krieg und Gewalt. Über sechzig Millionen sind auf der Flucht – so viele wie seit damals, seit dem Ende des Zweiten Weltkriegs nicht mehr.

Das Fundament der Vereinten Nationen trägt noch immer. Aber das Weltgebäude darüber ist aus den Fugen geraten. Die alten Kräfteverhältnisse sind unter Druck. Neue mächtige Player sind auf der Weltbühne erschienen. Vor allem: Immer mehr sind nichtstaatliche Akteure für Krieg und Gewalt verantwortlich, für die keine Regel gilt – nicht einmal die Mindeststandards des Kriegsvölkerrechts. Dringend brauchen wir also neue Stützen und Pfeiler, damit die Ordnung der Vereinten Nationen den Stürmen unserer Zeit standhält. Was sind diese Pfeiler? Wie soll die Weltordnung von morgen aussehen?

Es gibt darauf keine Antwort in der Theorie. Es gibt nur eine Antwort in der Praxis! So, wie damals die Charta der Vereinten Nationen die mutige Antwort auf Krieg und Leiden war, so werden heute neue Pfeiler von Ordnung nur entstehen, wenn Staaten bereit sind, Verantwortung zu übernehmen und gemeinsam konkrete Antworten zu finden auf die Krisen unserer Zeit: auf Armut und Unterentwicklung, auf Flucht und Migration, auf den verheerenden Bürgerkrieg in Syrien und zerfallende staatliche Ordnungen im Krisenbogen von Libyen bis Afghanistan, auf religiösen Extremismus und Terrorismus und das mörderische Unwesen des sogenannten Islamischen Staates.

Es gibt aber einen wesentlichen Unterschied zur Gründungszeit vor siebzig Jahren: Die Welt von heute ist enger vernetzt als je zuvor. Grenzen verschwimmen. In der Globalisierung, so sagen manche, ist die Welt zum Dorf geworden. Wenn das so ist, dann sind wir alle Nachbarn! Wir kommen aus unterschiedlichsten Kulturen. Wir haben unterschiedliche Traditionen und Religionen, Werte und Weltanschauungen. Diese Vielfalt gilt es zu achten – keine Weltanschauung steht über der anderen. Aber ich kenne keine Kultur, in der man nicht weiß, was es heißt, ein guter Nachbar zu sein, und in der man es nicht schätzt, in guter Nachbarschaft zu leben.

Auf gute Nachbarschaft hofft in diesen Zeiten niemand so sehr wie die Millionen Frauen, Männer und Kinder, die auf der Flucht sind. Für sie hat mein Land in den letzten Monaten Verantwortung übernommen. Seit Jahresbeginn haben wir 600 000 Flüchtlinge bei uns aufgenommen; zurzeit kommen jeden Tag bis zu 10 000 hinzu. Diese Zahlen zeigen, dass auch wir die Aufgabe auf Dauer nicht alleine schultern können, sondern wir brauchen eine europäische Lösung! Eine Lösung, die darüber hinaus auch auf enge Kooperation mit unseren Nachbarn am Mittelmeer baut, allen voran der Türkei.

Zweitens: Die Hilfsorganisationen der Vereinten Nationen – UNHCR, World Food Programme, UNRWA und OCHA – leisten Hilfe für Menschen in Not, unmittelbar und vor Ort. Es ist ein Skandal, wenn diese Organisationen so unterfinanziert sind, dass sie Essensrationen und ärztliche Hilfe streichen müssen! Vorgestern habe ich deshalb die G7-Staaten und andere Partner zusammengerufen, und ich freue mich, dass wir gemeinsam 1,8 Milliarden Dollar – davon mehr als 100 Millionen aus Deutschland – zusätzlich für die UN-Hilfswerke zusammengebracht haben. Das entlastet auch die Nachbarländer, bei denen die allermeisten Flüchtlinge ankommen, insbesondere die Türkei, der Libanon und Jordanien. Auch sie brauchen unsere Unterstützung, damit nicht eine Flüchtlingswelle die nächste auslöst.

Doch gute Nachbarschaft ist mehr als reine Mitmenschlichkeit. Gute Nachbarschaft heißt auch, dass wir uns gemeinsame Regeln gesetzt haben, an die wir uns zu halten haben. Dazu gehört, die Grenzen und die Souveränität des anderen zu achten. Immer noch wird diese Grundregel verletzt, auch bei uns in Europa. Die russische Annexion der Krim und das Vorgehen in der Ostukraine haben wir als Europäische Union geschlossen verurteilt, und wir haben reagiert; aber eben nicht nur mit Verurteilung und Abschottung, sondern auch indem wir einen politischen Prozess in Gang gesetzt haben, um den Konflikt zu entschärfen. Die OSZE hat in diesem Prozess von Anfang an eine unverzichtbare Rolle gespielt. Wir wollen die OSZE als Institution für gemeinsame Sicherheit weiter stärken, wenn wir Deutschen im kommenden Jahr ihren Vorsitz übernehmen.

Auch das, auch aktive politische Verantwortung, gehört zu guter Nachbarschaft. Eine Nachbarschaft, in der jeder nur bis zum eigenen Gartenzaun guckt, bleibt nicht lange lebenswert.

Sondern es gibt genügend Konflikte, die nur gemeinsam, mit dem Einsatz der multilateralen Diplomatie, zu lösen sind. Das kostet Zeit und viel Beharrlichkeit – aber es gibt Erfolge! Im Sommer haben die fünf ständigen Mitglieder des Sicherheitsrats und Deutschland ein Abkommen mit dem Iran geschlossen. Nach mehr als zehn Jahren Verhandlungen ist es gelungen, nicht nur den Weg Irans zur Atombombe dauerhaft und nachprüfbar zu verschließen. Sondern die Verhandlungen haben viele an einen Tisch gebracht, auch Russland und die USA, und sie haben bewiesen: Nachbarn müssen sich zwar nicht mögen, aber sie können und sie müssen gemeinsam Probleme lösen, wenn das Zusammenleben nicht für alle unerträglich werden soll. So ist mit dem Abkommen eine Grundlage entstanden, auf der mehr Sicherheit im Mittleren Osten wachsen kann, wenn wir nicht nachlassen, dafür zu arbeiten!

Doch noch sieht die Wirklichkeit anders aus. In Syrien findet das Morden auch im fünften Jahr immer noch kein Ende. Nur durch gemeinsames Handeln werden wir es stoppen. Wir müssen die Brutalität der Assad-Diktatur, den Einsatz von Fassbomben und Folter, beenden, die Herrschaft des Islamischen Staats brechen und die Waffen in Syrien zum Schweigen bringen und humanitären Zugang ermöglichen. Und wir haben doch gemeinsame Ziele: Die territoriale Einheit Syriens zu erhalten und Verhältnisse wiederherzustellen, in denen alle ethnischen und religiösen Gruppen friedlich miteinander und in Frieden mit den Nachbarn leben können. Das sind Ziele, an denen allen Akteuren gelegen sein muss, trotz aller Differenzen zwischen den USA und Russland, zwischen Saudi-Arabien und Iran.

Wir haben für diese Ziele schon eine gemeinsame Handlungsgrundlage, die Resolution 2139 des Sicherheitsrats. Diese müssen wir jetzt umsetzen, gemeinsam mit allen Beteiligten. Dies ist ein erster Schritt. Dieser Appell geht ganz besonders an die Nachbarn Syriens. Aber nicht nur an sie allein. Statt einsamer Entscheidungen einzelner, zuletzt Russlands, nun auch direkt militärisch in Syrien einzugreifen, brauchen wir den politischen Einsatz Russlands für eine Transformation Syriens. Das wäre ein wichtiger Beitrag zur Überwindung des Stillstands. Denn dies ist ein tödlicher Stillstand, der täglich Leben kostet. Ich sage es noch einmal: Im Angesicht einer so entsetzlichen menschlichen Katastrophe wie in Syrien sind wir alle Nachbarn! Darauf müssen sich alle Beteiligten besinnen und raus aus den diplomatischen Schützengräben! Eine militärische Lösung wird es nicht geben. Und sogenannte »ewige Wahrheiten« dürfen jetzt ebenso wenig wie »nationale Interessen« einer Anstrengung im Wege stehen, erste Schritte zur Entschärfung des Konflikts zu gehen.

In diesen unfriedlichen Zeiten wäre die Idee von guter globaler Nachbarschaft nicht mehr als ein Wunschtraum, wenn es nicht ein Dach gäbe, unter dem seit Jahrzehnten globale Nachbarschaft erprobt wird. Heute brauchen wir die Vereinten Nationen mehr denn je. Wir brauchen legitime und handlungsfähige Vereinte Nationen! Deshalb setzt sich Deutschland ein für die Reform der Vereinten Nationen und des Sicherheitsrats. Deshalb arbeiten wir mit an den großen globalen Baustellen: an den ehrgeizigen Zielen der Agenda 2030 für nachhaltige Entwicklung, die gerade verabschiedet wurde, und an mindestens ebenso ehrgeizigen Zielen gegen den Klimawandel, die wir miteinander im Dezember in Paris verabschieden wollen.

Die Vereinten Nationen spannen ein Dach über unsere globalen Anstrengungen. Doch unter dem Dach muss die Arbeit auf vielen Ebenen weitergehen. Wir Deutsche setzen auf regionale Kooperation in Europäischer Union und OSZE und auf Zusammenarbeit mit anderen Regionalorganisationen wie ASEAN oder der Afrikanischen Union. Zweitens, wir setzen uns ein für die Wiedergewinnung und Stabilisierung von erodierender Staatlichkeit im Krisenbogen von Libyen bis Irak und Afghanistan. Und drittens, insbesondere als Vorsitz des

Menschenrechtsrats, setzen wir uns ein für das Fundament der Menschenrechte. Denn keine politische Ordnung steht auf Dauer sicher, wenn die Menschen in ihr ihrer Rechte nicht sicher sind.

Am Ende will ich noch einmal zurückkehren zur Gründung der UN vor siebzig Jahren. Dieser großartige Moment weckt in mir, als Deutschem, zugleich große Demut: Denn die Charta der Vereinten Nationen war ja auch eine Antwort der Menschheit auf Krieg und Unmenschlichkeit, die von meinem Land ausgegangen waren.

Seither, über sieben Jahrzehnte hinweg, ist es Deutschland vergönnt gewesen, behutsam und schrittweise wieder hineinzuwachsen ins Herz der internationalen Gemeinschaft. Dafür sind wir Deutschen dankbar. Aber wir wissen auch um unsere Verantwortung.

Der deutsche Bundeskanzler Willy Brandt sagte bei seinem Amtsantritt 1969: »Wir Deutschen wollen ein Volk guter Nachbarn sein.« Damals, im noch geteilten Deutschland, galt sein Satz der Aussöhnung mit Polen, Frankreich und den anderen europäischen Nachbarn, die großes Leid von Deutschland erfahren hatten. Heute, wenn mir eine syrische Familie in Berlin von ihrem Schicksal, von Krieg und Vertreibung, erzählt, dann bekommt dieser Satz eine neue Bedeutung. Heute, wo die Welt zwar kleiner, aber die Krisen kaum weniger werden, da bekräftigen wir aufs Neue: Wir Deutschen wollen ein Volk guter Nachbarn sein, für die nahen und die fernen gleichermaßen.

MIT SECHS AUGEN SEHEN

Reiseroutinen –
Schwund in der Delegation –
Ein geschenkter Gaul –
Thomas Mann in Sandalen –
Fisch und Affe –
Menschen bewegen

Die Frage, die mir über das Reisen wohl am häufigsten gestellt wird, ist, wie oft ich morgens in einem Hotelzimmer aufwache und nicht weiß, in welcher Stadt und welchem Land ich bin. Ganz ehrlich: noch nie! Aber ich schließe nicht aus, dass es mal passieren wird. Manchmal bin ich innerhalb eines Tages in drei verschiedenen Ländern oder in einer Woche auf drei Kontinenten. Es kommt nicht selten vor, dass ich abends auf dem Weg vom Flughafen nach Hause meine Mitarbeiter frage, was am nächsten Tag ansteht, und sie dann sagen: »Morgen Türkei. Aber Vorsicht: Von da aus weiter nach Aserbaidschan und auf dem Rückweg Kiew und kurz Paris, also bitte für drei Übernachtungen planen!«

Das Fliegen ist für einen Außenminister so selbstverständlich wie die Fahrt ins Büro. Außenpolitik lässt sich nicht von der Sofaecke aus machen. Ich sitze jährlich gut 800 Stunden im Flugzeug. »Dieses Jahr haben wir Sie auf den Mond geschossen«, sagte eine Mitarbeiterin lachend zu mir, als sie mir Ende 2014 meine Jahresbilanz von der Luftwaffe zeigte: tatsächlich, 385 000 km, einmal von der Erde bis zum Mond. Bei so vielen Reisen entwickelt sich Routine, was das Kofferpacken angeht. Natürlich mache ich das selbst, und es dauert nicht länger als fünf Minuten. Trotzdem passiert es zum Glück selten, dass unterwegs was fehlt. Ausnahmen bestätigen die Regel. So wie neulich auf der Reise nach New York. Erst bei der Landung stellte ich fest, dass ich außer den braunen Schuhen an meinen Füßen keine anderen dabeihatte. Aber braune Schuhe beim offiziellen Abendtermin in den Vereinten Nationen? Absolut unpassend, ein Paar schwarze Schuhe musste her. Was aber tun, wenn im Terminkalender keine freien zehn Minuten eingeplant sind, geschweige denn Zeit zum Einkaufsbummel in der Stadt? In solchen Momenten sind leidensfähige Mitarbeiter gefragt, in diesem Fall mein Büroleiter, der in die Stadt ging und den Mangel behoben hat. Wir hielten im Auto noch kurz unsere Füße nebeneinander, nicht ganz dieselbe Größe. »Wenn sie dir eine Nummer zu groß sind, passen sie mir.«

Ich gebe zu, nicht an jedem Abend kommt Vorfreude für die Reise am nächsten Tag auf, manchmal ist es der fehlende Schlaf, manchmal die Aussicht auf unangenehme Gesprächspartner. Dennoch, in aller Regel erwacht am Morgen die Neugierde, wenn ich mich auf der Fahrt zum Flughafen an die Reiseunterlagen mache. Sie ist umso größer, wenn mich die Reise in Länder führt, die ich noch nicht kenne. Klar, das ist seltener geworden nach so vielen Jahren, weil die »terra incognita« immer kleiner wird. Vor ein paar Wochen ist noch mal ein neues Land hinzugekommen, das winzige, alte Liechtenstein in den Alpen.

Jede offizielle Reise wird bis ins Kleinste vom Protokoll vorbereitet, wenig dem Zufall überlassen. Das geht sogar bis zu den sogenannten Aufzugformeln. Was ist das? Das sind genaue Vorgaben, wer aus einer Delegation wann, mit wem, in welcher Reihenfolge, mit welchem Fahrstuhl in ein Konferenzgebäude hochfährt. Natürlich gilt das auch für die Wagenfolge in einer Autokolonne von einem Regierungsgebäude zum nächsten und für die heikle Frage, wer neben wem sitzen soll, wer an welchen Gesprächen teilnehmen darf und wer nicht. Bei Konferenzen wird schon vorher vereinbart, wann ich mich mit wem ausführlich oder mit wem nur für zehn Minuten auf dem Flur zum Kurzgespräch treffe. »Pull-aside« heißt das dann in der Diplomatensprache. Alles ist sorgfältig vorbereitet und eng getaktet – so eng, dass ich mir die Gelegenheit für menschliche Bedürfnisse manchmal fast erkämpfen muss.

In den letzten Jahren bestimmen vor allem internationale Krisen meinen Reiseplan. Der Takt wird schneller, die Krisentreffen überschlugen sich zuletzt geradezu. Verhandlungen reichen bis tief in die Nacht, oft über mehrere Tage. Immer seltener bleibt Zeit für Land und Leute. Kann man das durchhalten, werde ich oft gefragt, wenig Schlaf, viel Fliegen, viele Termine, Gespräche, Reden, Pressekonferenzen – und das alles in dichter Abfolge? Es muss schrecklich sein für die Kollegen, die den Jetlag, oft tagelang, in den Knochen spüren. Glücklicherweise bin ich davon verschont. Reisen durch die Zeitzonen – gestern Washington, heute Moskau – belasten mich nicht, jedenfalls dann nicht, wenn während des Flugs Gelegenheit zum Schlafen ist. Man muss jede Gelegenheit dafür nutzen – ob im Auto, im Flugzeug oder sonst wo –, das wusste schon Genscher. Und in der Tat: Man kann das lernen! Hinzu kommt: Während des Tages jagt ein Termin den nächsten, in jedem stehe ich mitten in der Arena und bin gefordert. Für meine Mitarbeiter, die den Termin vorbereitet haben und jetzt aufs Zuhören beschränkt sind oder Protokoll führen müssen, ist das schwieriger. Da sehe ich häufiger, wie der eine oder andere kämpft, damit der Kopf nicht auf der Tischplatte landet.

Wenn das Tag für Tag so geht, sind Entspannungsrituale notwendig. Mancher Mitarbeiter kommt zum Frühstück schon vom Joggen zurück – das ist frühmorgens nicht meine Sache, lieber ein *Power nap* zwischendurch. Entspannen können wir am besten während der Flüge. Es gibt eine Tradition im Flugzeug, die wir aus der Laune heraus vor ein paar Jahren etabliert haben: Wenn das Reiseprogramm erledigt ist, wir zum Rückflug nach Berlin abheben und der Flieger in Südrichtung startet, gibt's Gin Tonic als Malaria-Prophylaxe. Welcher Startwinkel noch als Südrichtung durchgeht, wird mittlerweile eher großzügig ausgelegt. Dank der Kolleginnen und Kollegen von der Luftwaffe sind unsere Reisen im Regierungsflieger deutlich angenehmer als im Linienflug, wir kennen die Flugzeugcrews lange und gut. Manchmal gibt es technische Pannen, aber fast immer geht es fröhlich zu über den Wolken. Im Sommer 2016, auf dem Rückweg von einer Russlandreise, hatte ich die Freude, beim letzten Dienstflug einer Flugbegleiterin der Luftwaffe an Bord zu sein, bei deren ersten Flug vor zehn Jahren ich auch schon dabei war. Jetzt hat sie ihr Studium an einer Verwaltungshochschule begonnen.

Gibt es auch Routinen bei den Besuchen selbst? Ja, aber sehr unterschiedliche und oft abhängig davon, ob ein großes oder kleines Land besucht wird. Bei größeren bilateralen Besuchen finden am ersten Tag die wichtigsten politischen Gespräche statt, das Treffen mit dem Außenministerkollegen oder dem Regierungschef des gastgebenden Landes. Schon wer mich am Flughafen empfängt, unterscheidet sich von Land zu Land und sagt etwas darüber aus, welche Bedeutung dem Besuch aus Deutschland beigemessen wird.

Reise ich in ein kleines Land, steht oft ein hochrangiges Regierungsmitglied an der Gangway. Eine Ehrenformation empfängt uns, und eine lange Wagenkolonne mit Blaulicht steht bereit. Auf der Fahrt in die Stadt ist die Wegstrecke der Kolonne gesperrt, und alle paar Meter stehen Polizisten, um die Zufahrtswege zu blockieren. Dann gibt es Länder, in denen sich Polizisten auf Motorrädern vor und hinter die Kolonne hängen und uns durch den Verkehr lotsen. Legendär sind zum Beispiel die Pariser Motorradpolizisten. Selbst im schlimmsten Feierabendstau räumen sie uns mit halsbrecherischen Stunts den Weg frei und in einer Viertelstunde sind wir von der Stadtmitte am Flugzeug. Komme ich hingegen in die USA, warten zwei große schwarze SUVs am Flieger, und wir stehen wie alle anderen im Stau. Eine Stunde vom Flughafen in die Stadt ist eher Regel als Ausnahme.

Die Kolonne selbst fährt immer in derselben Reihenfolge: Polizeimotorräder, dann ein Auto der lokalen Polizei, dann der Wagen des Protokolls, dann die sogenannte Sicherheitszelle, zwei Autos mit BKA-Beamten vor und hinter dem Panzerwagen, in dem ich zusammen mit dem deutschen Botschafter sitze. Danach folgen, je nachdem wie lang und groß die Reise angelegt ist, noch jede Menge Wagen und Kleinbusse für die Delegationen, die mich begleiten: die politische Delegation, die parlamentarische Delegation, die Kulturdelegation, die Wirtschaftsdelegation, die Pressedelegation. So eine Kolonne kann ziemlich lang sein.

Es gibt abenteuerliche Kolonnenfahrten, in denen man die Gepflogenheiten des Gastlands schon im Straßenverkehr erahnen kann. Auffahrunfälle sind nicht ausgeschlossen. Ich habe auch schon zwei an einem Tag erlebt, in Kairo und Istanbul. Oder es verliert ein Bus den Anschluss, wie in China. Wir waren auf dem Weg zu einem Naturpark, die Straße führte durch ein Gebirge. Auf einer der Steigungen blieb der Kleinbus zurück, in dem meine politischen Begleiter saßen. Natürlich habe ich in dem Moment davon zunächst nichts mitbekommen, mein Wagen fährt ja vorneweg. Der Bus war immer langsamer geworden, der Motor immer lauter, irgendwann ging die Warnleuchte an, dann heulte ein Alarmsignal, und schließlich blieb der Bus stehen, während der restliche Konvoi an ihm vorbeibrauste. Der chinesische Fahrer fluchte kurz, dann riss er neben dem Schalthebel eine Plastikverkleidung ab und konnte zum Erstaunen meiner Beamten direkt in den Motorraum hineingreifen. Der Fahrer drehte den Kühler auf, und das heiße Kühlwasser schoss wie ein Geysir in den Bus. Er fluchte noch mal, weil er und die vorderen Fahrgäste klatschnass geworden waren, dann griff er hinter sich, nahm drei Sprudelflaschen, die zur Erfrischung der Fahrgäste bereitlagen, und goss sie direkt in den Kühler. Es gab ein Zischen, aber der Motor sprang wieder an, und der Bus kam doch noch ans Ziel.

Bei mehrtägigen Reisen, engen Zeitplänen und großen Delegationen bleibt durchaus mal jemand auf der Strecke. Die Nacht war zu kurz, das Hotelbett zu gemütlich, oder es gibt dramatische Szenen, wie in Teheran 2015, auf meiner ersten Iranreise nach erfolgreichem Abschluss der Nuklearverhandlungen. Ich war in einem politischen Gespräch, die Pressedelegation wartete vor dem Gebäude auf die abschließende Pressebegegnung. Ein mitreisender Journalist machte während der Wartezeit Fotos mit seinem Handy – es war ja auch spannend: Der erste offizielle Besuch nach vielen Jahren der Eiszeit in den westlich-iranischen Beziehungen, wir alle in der Delegation sogen die Eindrücke von Teheran nur so auf. Leider fotografierte er trotz großer Verbotsschilder das Hauptquartier des Obersten Nationalen Sicherheitsrates. Als ich aus meinem Gespräch kam, war er festgenommen worden. Wir hatten nicht viel Zeit, unser Flugzeug wartete schon. Natürlich haben wir ihn nicht zurückgelassen, unser Botschafter bekam ihn nach einigen Gesprächen frei und an den Flughafen.

Zu den längeren Besuchsreisen gehören neben den politischen Gesprächen auch Treffen mit der Zivilgesellschaft. Sie finden oft am zweiten Reisetag statt. Natürlich ist der Blick auf ein Land nicht vollständig, wenn man nur mit Regierungsmitgliedern spricht. Wir führen Gespräche mit Menschen, die sich gesellschaftlich engagieren: Aktivisten, NGO-Mitarbeiter, Intellektuelle oder Vertreter von Oppositionsparteien. Je unfreier die politische Lage in einem Land ist, desto schwieriger ist es, sichere Bedingungen für solche Gespräche zu schaffen, aber umso wichtiger sind sie natürlich! Gastgebende Regierungen, die das nicht gern sehen, verschieben dann kurzerhand den Zeitplan, um solche Treffen unmöglich zu machen, oder versuchen, Teilnehmer ins Gespräch zu drücken, die offensichtlich Aufpasser sind. Oft bleibt das Wohnhaus des deutschen Botschafters als einziger Ort, an dem wir einigermaßen sicher sind, dass niemand mithört. Gerade solche Gespräche prägen aber unseren Blick auf die Gesellschaft und auch unser Handeln.

In diesem geschützten Rahmen habe ich manchen mutigen und beeindruckenden Menschen kennenlernen dürfen. Auf keinen Fall wollen wir die Aktivisten oder Oppositionellen, mit denen wir uns treffen, in Gefahr bringen, sie müssen sicher sein können, dass das, was sie zu erzählen haben, unter uns bleibt.

Wenn ich Glück habe, ist am zweiten Tag auch ein wenig Programm eingeplant, um Land und Leute jenseits von Konferenzräumen kennenzulernen. Das sind oft die schönsten Momente. Im März 2015 begaben wir uns in der Mongolei auf Entdeckungsreise. Nach der Landung wurde uns an der Gangway Stutenmilch und salziger Schafskäse gereicht. Unsere Wagenkolonne wurde nicht von Polizeimotorrädern begleitet, sondern von Reitern mit wehenden Fahnen! Wir besuchten ein buddhistisches Kloster mit dem klangvollen Namen Gandantegchenling, wo mit Hilfe des Goethe-Instituts jahrhundertealte religiöse Schriften restauriert werden. Wir studierten Karten der alten Hauptstadt Karakorum, wo das Deutsche Archäologische Institut hilft, ein Freilichtmuseum aufzubauen. In Deutschland weiß kaum jemand von diesem Engagement, dort kannte jeder das Goethe-Institut und das DAI! Anschließend waren wir zum Nadaan eingeladen, dem traditionellen mongolischen Dreikampf. Wir wurden im Bogenschießen unterrichtet und hörten Musikern zu, die auf Geigen mit filigran gedrechselten Pferdeköpfen spielten und einen Kehlkopfgesang vorführten, dessen Klang ich bis heute nicht vergessen habe. Viele unserer Begegnungen fanden in Jurten, also in Zelten, statt, sogar die politischen Gespräche.

Zum krönenden Reiseabschluss kamen wir zum Präsidentenpalast, und mein Pressesprecher sagte: »Mal ein Gebäude, wie wir es kennen.« Wir gingen hinein, wurden in den prächtigen Hauptsaal geführt und in der Mitte stand – was wohl? – eine Jurte, die Staatsjurte. Da drin traf ich den Präsidenten, und zum Abschied schenkte er mir ein Pferd. »Donnernde Hufe« heißt es. Ich konnte es schlecht im Flugzeug der Luftwaffe mitnehmen, aber der Außenminister versprach, sich gut um mein Pferd zu kümmern.

Donnernde Hufe hat mich wenige Monate später mal in Berlin gerettet. Die große Internationale Tourismusmesse sollte eröffnet werden, 4000 Gäste waren im Saal. Der Eröffnungsredner, Sigmar Gabriel, musste kurzfristig absagen und bat mich eine Stunde vorher einzuspringen. Mein Glück war: Die Mongolei war Gastland der Messe. Und weil ich natürlich keine Rede vorbereitet hatte, berichtete ich einfach von den Erlebnissen meiner Reise, lobte die Präzision der mongolischen Bogenschützen und ganz besonders die mongolische Gastfreundschaft, und erzählte von meinem Gastgeschenk. Der Saal war begeistert, und der Ehrengast der Messe, der mongolische Präsident, versprach, sich persönlich nach dem Wohlergehen des sympathischen Vierbeiners zu erkundigen. Derzeit, so höre ich, dient Donnernde Hufe in der Mongolischen Armee.

Die Kulturschaffenden, die mich auf viele meiner Reisen begleiten, sind mir ein besonders wichtiger Teil der Delegation. Die Perspektiven, Diskussionen und Ideen, die in Terminen mit der Kulturdelegation entstehen, öffnen für beide Seiten, die deutsche und die des Reiselandes, oft ganz neue Türen. Ich persönlich spüre dann: Mein eigener Blick als Politiker, die Brille, durch die ich schaue, ist doch viel zu eng. Auch die besten Sachstandsberichte geben uns Reisenden nur ein beschränktes Bild über ein Land, und die besten *Speaking Points* den anderen nur ein beschränktes Bild von uns Deutschen.

Bei der Zusammenstellung der Kulturdelegation achten wir deshalb darauf, dass neben den Vertretern der Kultur- und Bildungsinstitutionen – Deutscher Akademischer Austauschdienst, Goethe-Institut und andere – auch Künstler, Musiker, Literaten, Schauspieler oder Filmemacher dabei sind, deren Schaffen einen besonderen Bezug zu unserem Reiseland hat und/oder die als Deutsche vielleicht sogar eine Migrationsgeschichte haben, die sie mit der Region verbindet.

Oft findet in solchen Terminen das Überraschende, das

Unerwartete statt, das im engen Korsett des politischen Reiseprogramms wenig Raum hat. Im Sommer 2007, daran erinnere ich mich gern, haben mich der Architekt Meinhard von Gerkan, der Schriftsteller Sten Nadolny und der Cellist David Geringas ins Baltikum begleitet. Am Ende eines dichtgefüllten Programmtags in Riga sagte von Gerkan zu mir: »Herr Steinmeier, haben Sie einen Moment Zeit heute Abend? Ich habe ein Privathaus in der Nähe von Riga entworfen und erbaut, auf das ich wirklich stolz bin, es bedeutet mir viel, ich bin ja hier in Riga zur Welt gekommen. Ich würde Ihnen das Haus gern spontan zeigen.« Spontan? Sicherheit und Protokoll runzelten die Stirn, aber ich als Architekturfan fand die Idee klasse. So setzte sich die Kolonne spätabends in Bewegung in Richtung Stadtrand und fuhr aus der Stadt hinaus bis in eine schöne Siedlung unter Bäumen. Dort stand die Villa, in der ein gutbetuchter Herr lebte und uns fröhlich empfing. Die Delegation war im Schlepptau, manche skeptisch, manche neugierig, manche einfach müde.

Es wurde ein ganz besonderer Abend. Meinhard von Gerkan führte uns durch sein Werk, stelle uns Winkel, Achsen und besondere Blicke vor. Dann packte David Geringas ein Cello aus, das er sich in Riga geliehen hatte, und spielte ein faszinierendes, sphärisches, zeitgenössisches Stück. Die großen gläsernen Terrassentüren standen offen, und die Cello-Klänge mischten sich mit dem Rauschen des Windes in den Bäumen. Schließlich bat ich Sten Nadolny, noch etwas vorzulesen. Er zog seine *Entdeckung der Langsamkeit* hervor und las die Passage, in der Kapitän John Franklin, kurz vor seiner großen und letzten Reise, ein Konzert besucht, in dem Beethovens große und letzte Klaviersonate erklingt. Nach den drei Darbietungen lag ein Moment der Rührung in der Luft, am Ende eines langen Tages, fast Mitternacht, ein kleines Gefühl des Glücks. Solche Momente sind ein Geschenk.

Oft höre ich nach den Treffen mit Kulturschaffenden, dass

nicht nur ich, sondern auch die anderen aus Politik, Wirtschaft oder Presse das Unerwartete in diesen Begegnungen wertschätzen und den erzwungenen Perspektivwechsel als Bereicherung empfinden. Ein deutsch-indischer Autor, Rajvinder Singh, hat das einmal, als wir uns im Flugzeug auf dem Weg nach Neu-Delhi unterhielten, das »Sechs-Augen-Prinzip« genannt. Nur so, forderte er uns auf, könne man sich der Lösung von Konflikten nähern. Er beschreibt damit ganz wunderbar einen wichtigen Aspekt von Außenpolitik: »Wir müssen lernen, mit sechs Augen zu sehen« – mit den eigenen, denen des anderen und schließlich mit einem gemeinsamen Blick. Auch deshalb hat Willy Brandt als Außenminister vor fünf Jahrzehnten gesagt, die Auswärtige Kultur- und Bildungspolitik ist nicht das Sahnehäubchen, sondern muss sich als dritte Säule der Außenpolitik fest etablieren.

Ganz gewiss bedeutet Auswärtige Kulturpolitik nicht, einfach immer die klassische deutsche Hochkultur im Ausland zu repräsentieren. Im Gegenteil – auch das haben wir auf jener Baltikumreise 2007 am eigenen Leibe erfahren. In Nida, Litauen, sollte ich das Thomas-Mann-Festival eröffnen. Dort auf der Kurischen Nehrung hatte einst Thomas Mann sein Sommerhaus, ein hübsches Holzhaus, auf einer großen Düne gelegen, dem Schwiegermutterberg, mit herrlichem Blick auf die Ostsee. Als Sten Nadolny und ich dort an Thomas Manns Schreibtisch standen, waren wir uns einig: Wir hätten hier keine einzige Seite zu Papier gebracht, sondern ständig nur aus dem Fenster auf die faszinierende Landschaft geschaut. Doch die Aussicht, ein Thomas-Mann-Festival zu eröffnen, hatte mich natürlich schon im Vorfeld mit Ehrfurcht und Ehrgeiz erfüllt. So was muss doch Anspruch haben! Meine Leute hatten sich also viel Mühe gegeben, Besprechungen abgehalten, Texte gewälzt, Experten befragt. In einem geschichtsphilosophischen Nachkriegsessay von Mann waren wir auf einen interessanten Gedanken gestoßen, den wir in der Rede aufgreifen und außenpolitisch weiterdenken wollten: Der Mensch lebe nicht nur in die Zukunft hinein, sondern sei von seiner Vergangenheit geprägt, sie wirke in ihm nach, und dessen müsse sich der Mensch bewusst sein. Eine folgenreiche Einsicht für die internationalen Beziehungen! Thomas Manns Konzept dafür hieß: das Nach-hinten-offene-Ich!

Ich war gut vorbereitet, neben mir lag ein kluges, dickes Redemanuskript, als meine schwarzen Limousinen mit Blaulicht in Nida anrückten. Doch wir fuhren zu keinem Akademiegebäude, sondern auf einen hübschen sonnigen Platz im Freien. Vorne saßen die Delegationen, deutsche und litauische Offizielle, Damen und Herren in Schwarz und Weiß. Das Publikum auf dem Platz – das merkte ich schon im Heranrollen – sah ganz anders aus: die reinste Sommerfrische! Männer in Sandalen und kurzen Hosen, Frauen in geblümten Kleidern, auf dem Arm lachende Kinder mit Schirmmützchen. Das sah so gar nicht nach literarischem Kolloquium aus, sondern das waren gutgelaunte Urlauber, die zwischen Strand und Eisdiele kurz haltmachten, um zu hören, was der Mann aus der schwarzen Limousine zu sagen hatte.

Ich stieg aus, das dicke Manuskript in der Hand. Während der Grußworte der lokalen Würdenträger konnte ich von der Bühne aus einen Blick in das erwartungsfrohe Publikum werfen – die Schweißperlen auf der Stirn von Sten Nadolny glänzten hervor, der bei der Vorbereitung der Rede so hilfreich gewesen war und nun unmittelbar das gnadenlose Scheitern der klugen Worte erwartete –, spätestens da reifte mein unausweichlicher Entschluss. Schon kam die Einladung ans Mikro, das Manuskript blieb am Platz. Ich trat ans Pult, lobte die schöne Aussicht und das gute Wetter, bedankte mich bei den Veranstaltern, scherzte mit den Touristen und wünschte allen einen schönen Resturlaub. Der Beifall war herzlich, die Rede gefiel so sehr, dass ich im Anschluss noch Fotos mit einheimischen und deutschen Touristen machen musste.

Später, im Flugzeug, erntete ich einen strengen Blick von meinem Redenschreiber. Ich schaute ihn verständnisvoll an und sagte: »Dieser Tag war kein Tag für das Nach-hinten-offene-Ich.«

Erste Begegnung mit »Donnernde Hufe«, Mongolei, Juli 2014

Thomas Mann und Urlaubsstimmung: Kurische Nehrung, Litauen, Juli 2007

Jazzkneipe in Bischkek, März 2016

FORUM AUSWÄRTIGE KULTUR- UND BILDUNGSPOLITIK

15. April 2016
Station Berlin, Postbahnhof Berlin-Kreuzberg

»Menschen bewegen« hießen schon die letzten beiden AKBP-Foren 2006 und 2008. Eine Initiative, die aus diesen Foren entstanden ist, hat seitdem eine Menge Menschen buchstäblich bewegt: die Partnerschulinitiative. In meiner ersten Amtszeit haben wir unsere Bildungsarbeit im Ausland umgestellt und erweitert. Wir wollten damals einen Beitrag dazu leisten, dass in Schulen rund um die Welt ein besserer Zugang zu unserer Sprache und Kultur entsteht, auch dort, wo Kinder und Eltern nicht gleich das komplette deutsche Unterrichtsprogramm haben können oder wollen. Neulich, während meiner Reise nach Mosambik, habe ich eine Absolventin einer solchen Partnerschule getroffen, der Escolia Comercial de Maputo, einer von zwei Partnerschulen dort. Und diese junge Frau sagte einen Satz, der mich seitdem begleitet: »Deutsch ist mein Partner geworden.« Sie hat Deutsch gelernt, Arbeit gefunden in einem deutschen Unternehmen, das in Mosambik Infrastrukturanlagen plant, und wird nun wahrscheinlich im Rahmen einer dualen Ausbildung nach Deutschland kommen, um hier noch mehr zu lernen und später einmal beitragen zu können zur Entwicklung ihres Landes. Wirklich: Deutschland ist dank der Partnerschulinitiative ihr Partner geworden. Und nicht nur für diese junge Frau: Zu rund 400 deutschen Schulen im Ausland sind 1800 Partnerschulen hinzugekommen.

»Menschen bewegen« steht als Motto nicht nur über dieser Konferenz, sondern über Außenpolitik insgesamt. Ich bin überzeugt: Wir müssen die Verbindungen zwischen »Innen und Außen« heute neu denken, zwischen dem, was innerhalb und außerhalb unseres Landes geschieht. Gerade heute, in einer Zeit, in der Deutschland global vernetzt ist wie kaum ein anderes Land. Gerade heute, in einer Zeit, in der Friedensarbeit nur noch im globalen Maßstab zu denken und zu leisten ist. Und vor allem: gerade heute, in einer Zeit, in der Krisen und Konflikte mit einer Vehemenz und Dichte auf uns einstürmen, die wir zuvor so noch nie erlebt haben. Warum sind in dieser krisengeschüttelten Welt Kultur und Bildung so wichtig? Was hat das mit Außenpolitik zu tun? Und warum arbeiten wir mitten in dieser Krisenzeit so energisch an einer Runderneuerung des kulturellen Profils unserer Außenpolitik?

Mit einem weiteren Beispiel will ich beginnen. Hiba Jaafil ist die Fußballtrainerin der libanesischen U17-Frauen-Nationalmannschaft. Auch sie bewegt Menschen, und zwar kräftig. In ihrem Team spielen viele Mädchen, deren Eltern zunächst alles andere als begeistert waren: »Fußball! Das ist kein Frauensport! Nichts für meine Tochter!«, hieß es da. Trotzdem kamen die Mädchen. Und: In Jaafils Mannschaft trafen sie dann auf Mitspielerinnen unterschiedlichster Herkunft. Schiiten, Sunniten, Drusen, Christen. Auf dem Rasen kamen alle zusammen und kämpften gemeinsam. Mit Erfolg!

Bis zum letzten Jahr hatte Libanon noch nie einen internationalen Fußballtitel gewonnen. Dann kamen Jaafil und ihre Mädchen und holten den Arab Women's Cup! Ein Triumph für die Spielerinnen. Ein Triumph, der selbst die skeptischen Eltern mit Stolz erfüllte und der vor allem eines zeigte: wie Kultur und Sport dabei helfen können, gesellschaftliche Tabus zu hinterfragen, Unterschiede zu überbrücken und Gemeinsames und Verbindendes neu zu schaffen – in kultureller Vielfalt. Darum geht es in unserer Arbeit.

Bis 1989/90 lebten wir in einer Welt scheinbarer Gewissheiten. Die Welt war beherrscht von zwei großen Systemen. Das eine wurde von Washington aus gesteuert, das andere von Moskau. Diese Blockkonfrontation ist vorbei – zum Glück! Aber es ist keine neue Ordnung an die Stelle der alten getreten. Die Welt ist auf der Suche nach einer neuen Ordnung. Dieses Ringen um Einfluss, um Vorherrschaft in unterschiedlichen Regionen der Welt entlädt sich viel zu oft gewaltsam. Und noch viel öfter sehen wir, wie diese Konflikte unter dem Mantel kultureller oder religiöser Auseinandersetzung ausgetragen werden und wie sie überlagert werden von Ideologien, die aus Unterschieden Feindschaften machen.

Gegen Ideologisierung hilft nur Differenzierung. Gegen Ideologie hilft nur Aufklärung! Und Aufklärung, das bedeutet, einen eigenen Standpunkt zu haben. Das bedeutet, Unterschiede zu erkennen und zu benennen. Das bedeutet, Gemeinsames zu suchen und zu erarbeiten und wo immer es geht, die Voraussetzungen für den notwendigen Diskurs zu schaffen, selbst wenn wir real mit vielen Ländern noch weit davon entfernt sind. Darum ist die gemeinsame kulturelle Arbeit, der Zugang zu Bildung und Kultur hier bei uns in Deutschland und in der Welt so wichtig. Aber machen wir uns nichts vor!

Wenn der Zugang zur Kultur gelingt, ist das eine Chance, doch noch keine Garantie! Es gibt keine Kausalität zwischen Kultur und Bildung auf der einen und Frieden auf der anderen Seite. Künstler, Philosophen und Dichter haben zu höchsten Werten aufgerufen, aber auch zu schlimmsten Verbrechen. Die Beziehungslinien zwischen Kultur und Frieden sind stets brüchig. Wir Deutsche wissen das vielleicht im besonderen Maße. Aber zugleich ist eben bei uns erst dank Luther und der Aufklärung die Überzeugung gewachsen, dass Kultur und Bildung ein selbstbestimmtes Leben überhaupt möglich machen!

In den letzten Jahrzehnten lebten wir unter dem Eindruck, dass Selbstverständlichkeiten wie diese sich weltweit durchsetzen würden – alles eine Frage der Zeit! Heute besinnen sich viele rund um den Erdball zurück auf eigene Geschichten, Traditionen und Philosophien, und wir hier stellen fest: Die Erde dreht sich schon lange nicht mehr allein um die europäische Sonne. Demokratie und Menschenrechte sind längst nicht überall Ziel- und Fixpunkt gesellschaftlicher Entwicklung. In dieser Welt, in der Selbstverständlichkeiten nicht mehr bestehen und wir in Konkurrenz zu anderen Gesellschaftsmodellen stehen, müssen wir wieder lernen, uns zu erklären, für das Erbe der europäischen Aufklärung mit Haltung und Überzeugung einzutreten.

Es geht um das Einüben von Humanität durch Kultur und Bildung. Es geht um eine Kulturpolitik, die hierfür die Bedingungen schafft; um eine Kulturpolitik, die sich der sozialen Kraft von Kultur sicher ist und sie stärkt. Ein konkretes Beispiel: Ilya Pondin besucht die Mittelschule 106 in Wolgograd, eine unserer Partnerschulen. Ilja hat den PASCH.net-Wettbewerb zu Spuren des Zweiten Weltkriegs gewonnen – mit einem Beitrag zu Orten der Erinnerung in Wolgograd, das früher Stalingrad hieß. Ich selbst war 2015 in Wolgograd, um des Endes des Zweiten Weltkriegs vor siebzig Jahren zu gedenken. Mehrere Tausend Veteranen waren gekommen. Gemeinsam gedachten wir des Schmerzes und des Leids, die unsere Geschichte, die Geschichte von Deutschen und Russen durchziehen. Auf den Narben dieser Geschichte bemühen wir uns heute um Versöhnung. Ilja hat mit seiner Arbeit gezeigt, wie wichtig es ist, sich mit fremder und eigener Geschichte auseinanderzusetzen. Weil man dadurch sich und den anderen verstehen lernt. Unsere Partnerschulinitiative bereitet dafür den Weg – weit über die Schule hinaus.

Ich will noch ein Beispiel nennen, wie wir durch Engagement in Kultur und Bildung einen Beitrag leisten zu einer friedlicheren und humaneren Welt. Das Deutsche Archäologische Institut hat ein Projekt zum Wiederaufbau Syriens begonnen und es »Stunde Null« genannt. Die Maßnahmen reichen von einzelnen Restaurationen bis zu städtebaulichen Konzepten. Dahinter steht die Frage, wie wir die kulturelle Identität dieses wunderbar vielfältigen Landes Syrien am besten wieder aufbauen helfen, wie wir den Menschen wieder die Möglichkeit geben, sich ihres kulturellen Erbes zu versichern und es zu pflegen.

Mit Blick auf Syrien möchte ich noch zwei weitere Elemente ergänzen: Für das erste steht Alaa Kanaieh, eine der vielen jungen Syrerinnen, die in den letzten Monaten zu uns gekommen sind. Frau Kanaieh ist Ende zwanzig. Sie kommt aus Damaskus. Aber seit einigen Monaten studiert sie mit einem DAAD-Stipendium Software Systems Engineering an der RWTH Aachen. Sie hat mit Blick auf ihre Zeit hier in Deutschland gesagt: »Es geht darum, das Beste aus den Möglichkeiten unseres Stipendienprogramms zu machen. Wir möchten so bald wie möglich an der Zukunft unseres Landes arbeiten, sei es in oder außerhalb Syriens.« Gemeinsam mit dem DAAD haben wir die Stipendien für Flüchtlinge aus Syrien im vergangenen Jahr von gut zwanzig auf über zweihundert erhöht. Wir ermöglichen ihnen eine Ausbildung bei uns, damit sie später in ihrer Heimat wieder Verantwortung übernehmen können.

Auch bei der Philipp-Schwartz-Initiative, die wir gemeinsam mit der Alexander von Humboldt-Stiftung gestartet haben, steht genau dieser Gedanke im Zentrum. Verfolgte Wissenschaftler, sogenannte »scholars at risk«, haben in Deutschland die Möglichkeit, frei von Bedrohung weiter zu forschen und ihren Beitrag zu einer Weltgemeinschaft der Wissenschaft zu leisten. Der Namensgeber der Initiative, Philipp Schwartz, musste in den dreißiger Jahren selbst fliehen: aus Deutschland, vor den Nazis. Es ist nur richtig, wenn wir Deutschen es heute sind, die verfolgten Wissenschaftlern helfen.

Wer in Krisenzeiten und Krisenregionen einen Beitrag leisten will zu einer humanen Gesellschaft, der muss auch Möglichkeiten schaffen und pflegen, in denen ein offener Diskurs stattfinden kann. Freiräume, in denen gesellschaftliche Themen gezeigt, erzählt, in Bilder und Töne gefasst werden. Wo Gelegenheit besteht, Träume und Traumata von Gesellschaften zum Gegenstand von Austausch zu machen.

Was wir zuallererst dafür brauchen, ist die kulturelle Infrastruktur der Goethe-Institute, Schulen und Orte der Wissenschaft und der Kultur. Infrastruktur ist die notwendige, aber nicht hinreichende Voraussetzung für interkulturellen Austausch. Wenn wir die innenpolitischen Aufgeregtheiten um das Böhmermann-Gedicht mal beiseitelassen, dann lässt die Kontroverse doch erkennen, wie unterschiedlich das Selbstbewusstsein über die jeweils eigene kulturelle Identität, wie anders Sensibilitäten sind, wie gegensätzlich der Umgang mit kulturellen Äußerungen wie Ironie und Satire ist. Wir dürfen Unterschiede nicht ignorieren, müssen aber Bereitschaft einfordern, über Unterschiede, ihre Gründe, vielleicht auch ihre Berechtigung zu reden und wo notwendig auch zu streiten. Und das nicht nur auf der Ebene staatlicher Politik, sondern noch mehr in der Begegnung von Gesellschaften, da wo Exponenten der Zivilgesellschaft und Kultur sich um den Prozess von Verstehen und Verständnis bemühen. Denn eine friedlichere Ordnung der Welt entsteht nicht am Reißbrett der Staatenlenker, in abgeriegelten Konferenzhotels, auf roten Teppichen. Die Suche der Welt nach neuer Ordnung ist ein stetiges Ringen, das viel tiefer reicht: Ein Ringen um Wahrheiten, denn häufig genug steckt mehr als nur eine Wahrheit in derselben Wirklichkeit. Mit diesen Wahrnehmungen von Wirklichkeit müssen wir uns auseinandersetzen, wenn wir die Chance auf eine friedliche Entwicklung der Welt erhalten wollen. Mit anderen Worten: Wir müssen mehr begreifen von tieferliegenden Narrativen, von tradierten Geschichten, Bildern und

Erzählmustern, die die politischen, religiösen und sozialen Verhältnisse über die faktische Ordnung hinaus begründen. Sie sind meistens nicht die Ursache von machtpolitischen Konflikten, aber überlagern sie. Wer diese Narrative nicht kennt oder ignoriert, der wird auf der Suche nach Lösungen in solchen Konflikten immer wieder scheitern.

Gerade die Politik muss sich Mühe geben mit ihrer Wahrnehmung. Denn Politik heißt Handeln, oftmals mit mächtigen Mitteln und schwerem Gerät. Umso größer die Gefahr, wenn das Handeln von falschen Voraussetzungen ausgeht! Von alldem erzählt eine wunderbare Geschichte aus Mosambik, die mir auf meiner Reise dort zu Ohren gekommen ist.

Ein Affe, so lautet die Fabel, ging einmal an einem Fluss entlang und sah darin einen Fisch. Der Affe sagte: »Der Arme ist unter Wasser, er wird ertrinken, ich muss ihn retten.« Der Affe schnappte den Fisch aus dem Wasser, und der Fisch begann zwischen seinen Fingern zu zappeln. Da sagte der Affe: »Sieh an, wie fröhlich er jetzt ist.« Doch natürlich starb der Fisch an der freien Luft. Da sagte der Affe: »Oh wie traurig, wär ich nur ein wenig früher gekommen, ich hätte ihn retten können.«

Da ist einer, bei dem die Problemlösung von falschen Voraussetzungen ausgeht. Deshalb braucht es Kultur! Denn Kultur schärft die Wahrnehmung, und Wahrnehmung ist der Anfang aller Diplomatie. Deshalb ist Kulturpolitik für mich eben nicht nur eine Politik der Kultur, sondern auch eine Kultur der Politik.

Der Ausstellungsmacher Bonaventure Ndikung und Hermann Parzinger von der Stiftung Preußischer Kulturbesitz haben sich in ihren Workshops gestern der Frage der unterschiedlichen Wahrnehmung von zwei ganz verschiedenen Seiten genähert. Und ich habe mir berichten lassen, dass sich dabei ein starkes verbindendes Element gezeigt hat. Ndikung hat das *»unlearning the given«* genannt – die Notwendigkeit, die eigenen Grundannahmen durch einen fremden Blick in Frage stellen zu lassen. Und in der Tat: Wir dürfen die Augen nicht davor verschließen, dass unsere Vorstellung von Ordnung für andere Länder und Kontinente dort Grund zur Unordnung sein mag. Ein wirklicher Dialog kann sich nur dann einstellen, wenn wir das erkennen und eingestehen. Das sage ich nicht nur mit Verweis auf die koloniale Vergangenheit, sondern das sage ich auch mit Blick auf Deutschland als Einwanderungsland.

All diese Menschen sind nach Deutschland gekommen, in ein demokratisches Land, ein Land mit einer offenen Gesellschaft und ein Land, das international Verantwortung übernimmt. Gemeinsam mit ihnen wollen wir dafür sorgen, dass das so bleibt. Dazu gehört, dass die Menschen, die neu in unser Land gekommen sind, hier eine Heimat finden. Dabei müssen wir helfen. Gerade auch mit kultureller Arbeit und mit dem Zugang zu Bildung und Ausbildung.

Wir wollen in der vor uns liegenden Zeit auch kulturpolitisch ein besonderes Augenmerk auf Europa richten. Beginnen werden wir in wenigen Wochen, auf der Europäischen Schriftstellerkonferenz in Berlin. Es ist schon mehr als drei Jahre her, dass Nicol Ljubic, Mely Kiyak, Antje Rávic Strubel, Tilman Spengler und ich bei einem Glas Rotwein über Europa diskutierten – und zwar sehr grundsätzlich: Was hält Europa überhaupt noch zusammen? Was macht heute den Kern der europäischen Idee aus? Ist Europa zum technokratischen Projekt verkümmert, oder bleibt es eine kulturelle und zivilisatorische Vision?

Wir beschlossen, dieses Gespräch fortzusetzen, aber nicht zu fünft am Küchentisch, sondern auf einer europäischen Schriftstellerkonferenz. Tilman Spengler hat das später so auf den Punkt gebracht: »Eigentlich ist das, was wir vorhaben, keine Konferenz, sondern eher so etwas wie ein permanentes Gespräch unter erzählenden Autoren, das nie zu enden scheint.«

Anfang Mai wollen wir es fortsetzen, diesmal unter dem

Motto »GrenzenNiederSchreiben«. Hier schwingt mehreres mit. Niederschreiben heißt zum einen: aufschreiben. Wir wollen auf der Konferenz all das benennen, was Menschen in Europa heute trennt – sei es als Schlagbaum oder Stacheldraht an den Grenzen, sei es als Misstrauen oder Unduldsamkeit in den Köpfen. Niederschreiben kann aber auch etwas anderes heißen. Ich verstehe die Formulierung auch als Erinnerung an eine europäische Urerfahrung: Auch wenn es manchmal schwer sein mag, auch wenn es Widerstände und Rückschläge gibt, Grenzen lassen sich überwinden, geistig und kulturell und auch in der Politik!

Vorbereitet und begleitet wurde diese Konferenz durch viele andere Treffen, vor allem in den Ländern der sogenannten östlichen Partnerschaft. Ich möchte hier eines besonders erwähnen: das Literaturfestival in Odessa, von dem eine große deutsche Tageszeitung im vergangenen Jahr schrieb: »Dieses Literaturfestival hat die Ukraine verändert«. Weil nämlich in diesem Gespräch, in den Lesungen und Diskussionen der Schriftstellerinnen und Schriftsteller eine Ahnung davon entstanden war, welche Interessen eigentlich ausgeglichen werden müssten und wie das geschehen könnte. Genau das ist die unverzichtbare kulturelle Arbeit mit und durch die Literatur, die Günter Grass in *Das Treffen in Telgte* beschrieben hat und die uns heute noch ein Leitgedanke ist! Das wird aber nur gelingen, wenn wir weiterschreiben an europäischen Geschichten! Gerade in diesen Zeiten haben die Stimmen der europäischen Autorinnen und Autoren besonderes Gewicht in einem Europa, das nicht aufhören darf, Grenzen zu überwinden, einem Europa, das schon überwundene Grenzen nicht neu errichten soll.

Reisen, Reden, aber immer auch Rechnen, das ist der Alltag Auswärtiger Kulturpolitik. Wir haben heute den Bericht zur Auswärtigen Kulturpolitik vorgestellt. Er gibt einen Blick auf das, was wir tun, nämlich Zugänge und Möglichkeiten schaffen und erhalten, die Bildung und Kultur gedeihen lassen. Verantwortliche Kulturpolitik kann sich trotzdem nicht der Entscheidung entziehen, ob und was wir fördern. Ja, wir ringen auch innerhalb der Bundesregierung um Geld. Und ja, Infrastruktur kostet Geld. Der Bau von gerade einmal einem Kilometer Autobahn kostet laut einem Statistikportal zehn Millionen Euro. Da kommen Jahr für Jahr beträchtliche Milliardenbeträge zusammen für die materielle Infrastruktur, die ein Land wie Deutschland braucht. Das ist sicherlich gut ausgegebenes Geld. Gleichzeitig geben wir pro Jahr rund 1,6 Milliarden Euro aus für Goethe-Institute, Schulen, Sprachunterricht, Universitätsprojekte, Ausstellungen und Archäologie. Kurz: für die gesamte kulturelle Infrastruktur in der ganzen Welt außerhalb Deutschlands! Ich finde, für ein Land, dessen Zukunft sich zwischen Amerika und China, zwischen Moskau und Johannesburg entscheidet, ist das nicht zu viel. Diese Infrastruktur, die kulturelle, wollen und müssen wir ausbauen!

Dazu bauen wir auf starke und unabhängige Partner und unterstützen diese, wie in dieser Legislaturperiode bereits das Goethe-Institut und die Auslandsschulen, und 2017 auch die Außenwissenschaftspolitik mit den Flaggschiffen DAAD, dem DAI und der Alexander von Humboldt-Stiftung. Wir haben aber den Kreis der Partner noch um einen entscheidenden Punkt erweitert. Wir wollen auf lange Sicht wegkommen von einer Außenpolitik der Staaten zu einer Außenpolitik der Gesellschaften. Das hat uns der Begründer der modernen Auswärtigen Kultur- und Bildungspolitik, Ralf Dahrendorf, ins Stammbuch geschrieben. Daher haben wir einen neuen Schwerpunkt gelegt: von den Sondermitteln zum Aufbau der Zivilgesellschaft in den Ländern der Östlichen Partnerschaft, über die Internationalisierung der Bundeszentrale für Politische Bildung bis hin zum strategischen Dialog mit den Stiftungen. Wir wollen hin zu einer Außenpolitik der Gesellschaften.

Kultur und Bildung – das ist auch die Hoffnung auf Teilhabe und Mitgestaltung, das Versprechen von Freiheit und das Versprechen von Humanität. Diese Hoffnung wollen wir nicht enttäuschen, und dieses Versprechen wollen wir halten. Wir sind überzeugt: Die soziale Kraft von Kultur und Bildung zu stärken ist der beste Weg zu einer friedlicheren Welt. Zu einer Welt, in der aus Unterschieden nicht Missverständnisse, aus Missverständnissen nicht Konflikte, aus Konflikten nicht Kriege werden.

EURE ORDNUNG IST UNSERE UNORDNUNG

Schiff auf dem Tanganjika-See –
Hafen in Cartagena –
Tunnel in Abu Dhabi –
Kompromiss im Emsland –
Ordnung an der Freien Universität

Die MS *Liemba* ist das einzige Passagierschiff, das auf dem Tanganjika-See verkehrt. Er ist der längste See Afrikas, fast 700 Kilometer vom Nord- bis zum Südufer, und verbindet Tansania mit Sambia, Burundi und der Demokratischen Republik Kongo. Für die Menschen und die Wirtschaft rund um den Tanganjika-See ist die *Liemba* die wichtigste Verbindung zwischen den Ufern. Jeder am Tanganjika-See weiß, dass die *Liemba* in Deutschland gebaut wurde – und zwar vor mehr als hundert Jahren in der Meyer Werft in Papenburg. Es war das schönste und größte Schiff, das die Meyer Werft je verlassen hat. Das fand zumindest ihr Erbauer Anton Rüter. Nachdem es gebaut war, wurde das Schiff sogleich wieder in seine Einzelteile zerlegt, in fünftausend Holzkisten verpackt und auf drei Dampfschiffe verladen. Sie brachten die Kisten von Hamburg nach Daressalaam. Von dort ging es weiter per Eisenbahn – übrigens eine Bahnlinie, die zwei Wochen zuvor von Deutschen fertiggestellt worden war – zum Tanganjika-See. Dort wurde das Schiff mit Hilfe von 160 000 Nieten wieder zusammengebaut und als MS *Götzen* in Betrieb genommen.

Derweil war in Europa der Erste Weltkrieg ausgebrochen. Die *Götzen* wurde mit Kanonen ausgestattet. Anton Rüter, der noch vor Ort war, konnte nicht fassen, dass aus seinem Schiff ein Kriegsschiff wurde, das auf Briten schoss, die über Nacht zu Feinden geworden waren. Später, als die Briten vorrückten und die deutschen Truppen den Hafen von Kigoma aufgeben mussten, wurde die *Götzen* auf Befehl des Kommandeurs Paul von Lettow-Vorbeck im Tanganjika-See versenkt. Aber so leicht ließ sich das Schiff nicht unterkriegen. Die Belgier bargen es nach dem Krieg und setzten es wieder instand. Es bekam einen neuen Antrieb, eine neue Flagge, neue Farbe und verrichtet seither als *Liemba* seinen Dienst – und zwar bis heute.

Ich erzähle diese Geschichte nicht als Beispiel für die vielgerühmte deutsche Wertarbeit, sondern weil dieses kleine Schiff zeigt, wie eng und wie lange Deutschland schon durch seine Wirtschaft mit den entferntesten Winkeln der Welt verflochten ist. Denken die Menschen am Tanganjika-See an Deutschland, denken sie an die *Liemba*. Und so ist es in vielen Erdteilen, in die ich komme: Denken die Menschen an Deutschland, denken sie an Produkte und Technologien, die aus Deutschland kommen.

Deutschland, so hat eine Studie kürzlich ergeben, ist das meistvernetzte Land auf der Welt. Kein anderes Land ist international so an- und eingebunden wie wir, nicht nur in wirtschaftlicher, sondern auch in politischer Hinsicht. Eine friedliche und kooperative Vernetzung von Staaten, Volkswirtschaften und Gesellschaften fällt nicht vom Himmel – das zeigt ein kurzer Blick in die Geschichte. Internationale Ordnung braucht Staaten, die sich für sie engagieren, sie erhalten und verteidigen. Und das umso mehr in der heutigen Zeit, in der sich die tektonischen Platten der Weltpolitik verschieben und sich Krisen und Konflikte gleich Erdbeben entladen. Doch zugleich müssen wir bereit sein, in einer Welt voller Verwerfungen und Infragestellungen, uns mit den Ordnungsvorstellungen in anderen Erdteilen auseinanderzusetzen. Wer sich darauf wirklich einlässt, dem wird schnell klar, dass eine Ordnung, die uns im Westen gut erscheint, von anderen oft nicht so gesehen wird. Selbst die hübsche Geschichte von der *Liemba* öffnet ein kleines Fenster in die Kolonialgeschichte Afrikas und lässt die Widersprüche erahnen, die auch in unseren eigenen Ordnungsvorstellungen stecken. In einer Diskussion in Berlin hat das ein renommierter Politikwissenschaftler aus Kamerun, Achille Mbembe, kürzlich so formuliert: »Eure Ordnung ist unsere Unordnung.«

Ich glaube, dass unsere globale Vernetzung, unsere Lage mitten in Europa, unsere Geschichte und vielleicht auch unsere besondere Bereitschaft zu dieser selbstkritischen Auseinandersetzung bedeutet, dass Deutschlands Verantwortung in der Welt in besonderer Weise eine Verantwortung für die internationale Ordnung ist. Für eine Ordnung, die den Ländern der Erde eine friedliche und produktive Vernetzung erlaubt. Nach zahllosen Kriegen und Katastrophen hat die Menschheit gemeinsame Institutionen entwickelt, eine Ordnung auf vielen Ebenen, die helfen soll, den Frieden und die Zusammenarbeit zu sichern. Dazu gehören die Vereinten Nationen und ihre Tochterorganisationen, regionale Institutionen wie die Europäische Union oder die Afrikanische Union und viele weitere Zusammenschlüsse wie zum Beispiel die Organisation für Sicherheit und Zusammenarbeit in Europa, die OSZE, die den Westen, einschließlich Nordamerikas, und den Osten unseres Kontinents, einschließlich Russlands, umfasst und deren Vorsitz Deutschland im Jahr 2016 innehat.

In meinen Augen trägt Deutschland für diese Institutionen und Regelwerke in doppelter Hinsicht eine besondere Verantwortung. Eine historische einerseits, weil kein anderes Land die zivilisatorische Ordnung so brutal zerstört hat wie Deutschland im Zweiten Weltkrieg und doch das Glück hatte, später wieder in diese Ordnung hineinwachsen zu dürfen. Eine ökonomische Verantwortung andererseits – siehe das Beispiel der MS *Liemba*. Unser Land, das als Wirtschaftsnation so sehr von internationaler Vernetzung profitiert, muss mehr leisten, um die Ordnung zu erhalten, die dieser Vernetzung zugrunde liegt. Deutsche Produkte finden sich überall auf der Welt, selbst dort, wo sie keiner vermutet. Doch nur eine friedliche und regelgebundene Ordnung macht es überhaupt erst möglich, dass ein deutscher Mittelständler in die ganze Welt exportieren kann.

Die Interessen der deutschen Wirtschaft im Ausland zu vertreten und zu schützen gehört zum Auftrag der deutschen Außenpolitik. Viele der international tätigen Firmen in Deutschland kenne ich gut; ihre Chefs begleiten mich regelmäßig auf meinen Auslandsreisen. So zum Beispiel die Firma Mennekes, ein Familienunternehmen in dritter Generation aus Kirchhundem im südlichen Sauerland. Die Firma stellt Industriestecker her und ist darin Weltmarktführer. Walter Mennekes ist ein umtriebiger Unternehmer, der 2015 auf meiner Reise nach Lateinamerika mit dabei war.

Im kolumbianischen Cartagena wird gerade der Hafen zu einem der drei größten in Lateinamerika ausgebaut. Er soll ein Umschlagplatz für den Handel auf dem Kontinent werden. In Cartagena traf unsere Wirtschaftsdelegation den Hafenchef, einen alten kolumbianischen Kapitän, der stolz davon berichtete, wie schnell sein Hafen wachse. Wir saßen in einem Besprechungsraum, halb unter freiem Himmel, es war irrsinnig heiß. Walter Mennekes hatte sein Hemd weit aufgeknöpft und pries seine Stecker an. Er hatte sogar einige Vorzeigemuster dabei. Der Hafenchef sagte, er höre zum ersten Mal von der Firma und den Steckern. Jeder im Raum konnte spüren, wie sehr das dem Sauerländer an die Ehre ging. Im Hafen standen riesige Schiffscontainer. Da hakte Walter Mennekes sich den kolumbianischen Hafenchef unter und sagte: »Ich glaube nicht, dass Sie noch nie von mir gehört haben!« Dann zog er ihn raus zu den Containern. Jeder dieser Container war an einen Stromgenerator angeschlossen. Walter Mennekes hob die Klappe zu den Steckern hoch und zeigte mit dem Finger auf den Schriftzug, der unter jeder dieser Klappen zu lesen war: Mennekes. Den kolumbianischen Hafenchef hat es aus den Socken gehauen, weil er gefühlt eine Million Mennekes-Stecker auf seinem Gelände hatte, ohne es zu wissen.

Auf vielen meiner Reisen begleitet mich eine Wirtschaftsdelegation. In der Regel sind ungefähr ein Dutzend Wirtschaftsvertreter dabei. Ihre Unternehmen sind in den entsprechenden Ländern bereits vertreten oder sie haben vor, dort zu investieren. Darunter sind Vertreter von großen Konzernen, aber auch viele Mittelständler und Kleinunternehmer. Auf den Reisen werden alle gleich behandelt. Egal, ob jemand im Vorstand von Siemens sitzt oder ein junger Start-up-Gründer ist. Sie alle sitzen im selben Flugzeug, fahren im selben Bus der Kolonne und bekommen beim Grillabend die gleichen Würstchen. Es sei denn, »Don Limon« ist mit von der Partie, denn dann gibt's frisches Obst. Don Limon heißt eigentlich Andreas Schindler. Er ist ein großgewachsener Hanseat und handelt mit Zitrusfrüchten. Wenn er mit auf Reisen kommt, hat er immer eine große Obstkiste dabei, und noch vor Start wird der gesamte Regierungsflieger vom Bundestagsmitglied bis zum Gepäckmeister versorgt.

In den Wirtschaftsdelegationen gibt es kühle Rechner, welterfahrene Exportchampions, unsichere, aber mutige Neulinge und echte Typen so wie Martin Herrenknecht. Er ist Gründer des heute weltweit führenden Unternehmens, das sich durch den Untergrund aller fünf Kontinente gräbt. Seine Heimat liegt im Badischen, dort begann er in den siebziger Jahren aus kleinsten Anfängen, seine Mutter gab ihm damals 100 Mark Startgeld, heute setzt er Milliarden um. Sein Unternehmen ist weltweit führend in einer Technologie, die man auf Englisch wohl *»drilling of tunnels«* nennen würde. Doch Martin Herrenknecht stellt seine Arbeit meist selbstbewusst in badischer Tonart als »Tunnelbohring« vor. Er sei der *»World market leader in* Tunnelbohring«, was die Übersetzer jedes Mal kurz stocken lässt. Vermutlich gab es in den vergangenen Jahren weltweit nur wenige große Tunnelbauten – von der Unterquerung des Bosporus über die U-Bahn von Neu-Delhi bis zum Gotthard-Tunnel –, bei denen die beeindruckenden Maschinen in Sauriergröße nicht im Einsatz waren.

Martin Herrenknecht war auch auf meiner Reise nach Abu Dhabi mit an Bord. Es gab ein Treffen mit dem Scheich. Der

Scheich saß in einem goldenen Sessel, jeder der mitgereisten deutschen Unternehmer trug ihm reihum sein Anliegen vor. Gegen Ende stand Herr Herrenknecht auf und sagte in sehr gutem, sehr süddeutschem Englisch: »Ihre Hoheit, als Senior dieser Delegation nehme ich mir die Freiheit für eine abschließende Bemerkung. Falls Sie irgendwelche Probleme haben sollten mit den Diensten der Firma Herrenknecht oder auch jeglichem anderen deutschen Unternehmen: Rufen Sie mich an oder, noch besser, meine Frau! Die wird's richten.« Mit diesen Worten überreichte er feierlich dem staunenden Scheich seine Visitenkarte und schrieb die Handynummer seiner Frau dazu. Auf seine Art und mit seinem Namen stand er dafür ein, dass seine Landsleute, die deutschen Unternehmer, ihre Geschäfte ordentlich abwickeln und ihre Auftraggeber nicht enttäuschen.

In der Geschichte steckt ein Hauch vom Erfolgsrezept der deutschen Außenwirtschaft. Deutsche Unternehmen sind verlässlich, und es geht ihnen in der Regel um mehr als den schnellen Profit. Angelsächsische Unternehmen erschließen sich viel schneller neue Märkte. Die deutschen, vor allem die kleineren und mittelständischen Unternehmer brauchen zwar etwas länger, aber wenn sie sich einmal entschließen, dann bleiben sie oft über Jahrzehnte dem Land und den Menschen verbunden. So wie die Firma Gauff, ein traditionsreiches deutsches Ingenieursunternehmen in Familienhand. Die Firma hat in Uganda einen Binnenhafen gebaut. Zehn Jahre hat das gedauert. Zur Unterzeichnungszeremonie für den Spatenstich reiste der Seniorchef an, Helmut Gauff, ein weißhaariger Herr, der die Region seit Jahrzehnten kennt. Seine Mitarbeiterinnen und Mitarbeiter – in Deutschland wie in Afrika – nennen ihn nicht »Herr Gauff« oder »Mister Gauff«, sondern »Papa Gauff«. Das sagt viel aus über sein Verhältnis zur Belegschaft. Wie das bei Unterzeichnungszeremonien so üblich ist, werden in Leder gebundene Noten unterzeichnet, Fotos geschossen, Hände vor

Fahnenbannern geschüttelt. In einem unbeobachteten Moment blickte ich während dieser Zeremonie hinüber zu Herrn Gauff. Er stand in der ersten Reihe und hatte Tränen in den Augen. Ich schaute mich weiter um und sah, dass seine Tränen wohl ansteckend waren. Viele der Umherstehenden verdrückten ebenfalls Tränen, denn sie spürten, wie sehr es »Papa Gauff« zu Herzen ging. Diese Verbundenheit ist am Ende das, was bei den Auftraggebern, aber auch bei den Menschen vor Ort im Gedächtnis bleibt.

Natürlich können wirtschaftliche Projekte auch Spielräume schaffen, um Gesellschaften zu verändern. Auf meiner Reise nach Ostafrika war der Gründer eines Berliner Start-ups dabei. Seine Firma hat ein *Off-Grid*-Modul entwickelt, das Menschen unabhängig vom Stromnetz machen soll, eine Art Solarzellenkonstruktion. Eine Einheit kostet rund 3000 Euro. Zusammen mit der Weltbank wurden Kredite vergeben, mit denen Haushalte die Technologie innerhalb von zwei Jahren abbezahlen können. Auf diese Weise wurden binnen weniger Monate zu mehreren Zehntausend Familien im ländlichen Raum Strom gebracht. Das hat ihr Leben verändert. Sie haben seither Internet, die Kinder können abends lernen, weil sie Licht haben, der Tagesablauf der Frauen hat sich verändert, weil sie nicht mehr Feuerholz fürs Kochen sammeln müssen, sondern einen elektrischen Herd nutzen können. Neben dem ökonomischen hat das auch einen politischen Aspekt. Wir haben dabei geholfen, dass ländliche Gemeinden sich weiterentwickeln und neue Freiräume erarbeiten können. So entstand eine Vertrauensbasis, die es ermöglicht, mit den Verantwortlichen auf dem Land auch über politische Dinge zu reden, die aus unserer Sicht nicht gut laufen.

Von Ostafrika komme ich an den Anfang der Geschichte zurück, zur *Liemba*. Denn dass Deutschland bis heute seine Produkte und Technologien in alle Welt liefern kann, hat ja auch damit zu tun, dass wir in Deutschland, trotz aller Umwälzungen der letzten Jahrzehnte, eine starke industrielle Basis erhalten haben. Dabei muss ich an die Anfänge meiner eigenen politischen Biographie denken. Anfang der neunziger Jahre verschlug es mich von der Universität Gießen in die niedersächsische Politik. Damals lockte in Hannover ein spannendes politisches Experiment, von vielen in Bonn argwöhnisch beäugt: die erste rot-grüne Landesregierung. Eines der Projekte, das mich seit den ersten Tagen als Mitarbeiter der Staatskanzlei begleitet hat, waren Ems-Vertiefung und Ems-Erweiterung. Es ging um die Meyer Werft, dereinst Erbauer der MS *Götzen*. Die Werft brauchte eine Vertiefung und später Erweiterung der Ems, um größere Schiffe bauen zu können – eine Frage des Überlebens auf dem Weltmarkt. Die Grünen, anfangs unser Koalitionspartner, waren dagegen, Kirchengemeinden und Bürgergruppen protestierten, denn es ging um den Natur- und Artenschutz in der Region. Über viele, zähe Verhandlungsrunden ist es gelungen, einen Kompromiss zwischen den ökologischen und ökonomischen Interessen zu finden. Für mich war das eine prägende Erfahrung. Auf der einen Seite war das ein frühes Signal einer Entwicklung, die mittlerweile zum weltweiten Markenzeichen der deutschen Wirtschaft geworden ist: der Ausgleich von Ökologie und Ökonomie, die »Green Economy«, mit all den Wachstumsmärkten in Energie- und Umwelttechnologien. Und auf der anderen Seite war das für mich ein früher Versuch in Sachen Diplomatie: scheinbar Unvereinbares vereinen. Seither kenne ich jedenfalls die Meyer Werft. Eines Tages, das habe ich mir vorgenommen, möchte ich die *Liemba*, die vor über hundert Jahren an der Ems gebaut wurde, mit eigenen Augen sehen und miterleben, wie sie die Menschen an den Ufern des Tanganjika-Sees verbindet.

Mit Wirtschaftsdelegation in Abu Dhabi, Mai 2014

Werkseröffnung der Beiersdorf AG in Mexiko, Juli 2014

Warten auf den Auftakt, Kinshasa, Februar 2015

WELT AUS DEN FUGEN – WAS HÄLT UNS ZUSAMMEN?

21. Oktober 2015
Freie Universität Berlin

Die Gründung der Vereinten Nationen war ein wegweisender Moment für die Menschheit. Aber das eigentlich Erstaunliche an diesem Moment ist doch: Er geschah auf dem Tiefpunkt! Auf den Trümmern des Zweiten Weltkriegs, über den Gräbern von über fünfzig Millionen Toten, im schon aufziehenden neuen Winter des Kalten Krieges wurde ein neues Fundament für Frieden gegossen: die Charta der Vereinten Nationen!

Das sendet eine ermutigende Botschaft auch ins Heute! Ja, wir leben in unfriedlichen Zeiten. Aber das Fundament der Vereinten Nationen trägt – und es ist an uns, auf diesem Fundament unser Zusammenleben immer neu zu organisieren. Der Gründungsmoment vor siebzig Jahren zeigt: Das geht! Wir können Ordnung gestalten. Natürlich nicht allein. Aber daran ist vielen gelegen, unseren europäischen und transatlantischen Freunden natürlich. Aber auch darüber hinaus, auch bei den schwierigen Akteuren – zum Beispiel im Iran und Saudi-Arabien, von wo ich erst letzte Nacht zurückgekehrt bin: Auch dort muss es eine Verantwortung für gemeinsame Ordnung geben jenseits von nationalen Interessen oder nationalem Stolz. Denn – auch so kann man sich dem Begriff einmal nähern – das Gegenteil von Ordnung ist ja nicht einfach Unordnung.

Das klingt zu harmlos. So, als hätte jemand sein Zimmer nicht aufgeräumt. Sondern das Gegenteil von Ordnung ist Gewalt! Gewalt – wie sie in den verheerenden Konflikten dieser Tage entfesselt ist – in Syrien, im Irak, im ganzen Krisenbogen von Libyen bis Afghanistan, in vielen Teilen Afrikas. Und, wir hatten die Frage schon für überwunden geglaubt, auch auf unseren europäischen Kontinent ist die Frage von Krieg und Frieden zurückgekehrt, in der Ukraine.

Die Ballung von Krisen in unserer Zeit, die Flut von furchtbaren Bildern jeden Abend in den Nachrichtensendungen, ist kein Zufall. Sondern da entlädt sich die Erosion von bestehender Ordnung, das Ringen um Einfluss, der Kampf um Geltung und Dominanz. Da verschieben sich die tektonischen Platten der Welt, so wie wir sie gewohnt waren.

Vor 25 Jahren hofften viele: Nach dem Ende der Blockkonfrontation, nach dem bipolaren Zeitalter des Kalten Krieges bricht jetzt ein neues, friedliches, multipolares Zeitalter an, in dem die Verantwortung für Frieden in gleichen Anteilen auf viele Schultern verteilt ist. Mitnichten: Nicht mehr bipolar, aber nicht multipolar, sondern nonpolar ist die Welt von heute. Sie ist auf der Suche nach neuer Ordnung. Und diese Suche läuft eben nicht wie ein zivilisierter Seminardiskurs am Otto-Suhr-Institut – sondern sie entlädt sich gewaltsam rund um den Erdball.

Das Ringen um Ordnung – das ist also eine Parallele zwischen dem Gründungsmoment nach dem Zweiten Weltkrieg und uns heute. Aber der gewaltige Unterschied springt uns ja ins Auge: Die Welt ist kleiner geworden. Sie ist zusammengewachsen – technologisch, wirtschaftlich, gesellschaftlich. Grenzen verschwimmen. Innen und Außen verschwimmen. Auch Innen- und Außenpolitik verschwimmen! Nirgendwo wird das so deutlich wie im Schicksal der Hunderttausenden, die aus den Krisengebieten dieser Welt fliehen und Zuflucht bei uns suchen. Ein scheinbar ferner Konflikt in einem scheinbar fernen Land. Aber die Menschen sind hier, vor unserer Tür – und ich weiß, wie unglaublich viele Studierende und Angehörige der Freien Universität sich für die Aufnahme und Integration von Flüchtlingen engagieren. Dafür will ich all den Engagierten meinen Respekt zollen – auch der Leitung der Freien Universität, die unter dem Namen »Welcome@FUBerlin« ein umfangreiches Paket von Kursen und Angeboten auf den Weg gebracht hat, um Flüchtlingen eine Eingliederung in Studium und Universität zu ermöglichen.

Die Frage bleibt: Wie reagieren wir politisch auf die große Fluchtbewegung? Wenn es stimmt, dass Innen und Außen verschwimmen, dass nationale Grenzen schwinden, dann ist es doch genau der falsche Moment, um mentale Grenzen wieder hochzuziehen. Dann ist es doch der falsche Moment für eine Debatte über »*deutsche* Leitkultur«, sondern es ist Zeit für die Frage: Wie wollen wir eigentlich über Grenzen hinweg zusammenleben? Für die Frage: Was hält uns zusammen? Und: Was *können* wir und was *müssen* wir international voneinander erwarten? Genau das – und so gar nichts Abstraktes – ist die Frage nach den Vorstellungen von internationaler Ordnung.

Ich will eine Antwort versuchen. Und sie beginnt mit Willy Brandt. In seiner allerersten Rede als Bundeskanzler vor dem Bundestag hat er einen wunderbaren Satz gesagt: »Wir Deutschen wollen ein Volk guter Nachbarn sein.« Das war 1969. Damals galt dieser Satz vor allem Polen, Frankreich und allen Nachbarn in Europa, die großes Leid von Nazi-Deutschland erfahren hatten. Heute, wenn wir hier mitten unter uns den Menschen begegnen, die vor der Gewalt aus Damaskus oder Aleppo oder Erbil bis nach Berlin geflohen sind, dann spüren wir ganz unmittelbar, dass eben auch diese Weltgegenden Nachbarschaften für uns geworden sind. Und müssen wir dann nicht Willy Brandts Satz in einem neuen Licht verstehen? In einer Zeit, in der die Welt zwar kleiner, aber die Krisen eher größer werden, da sollten wir aufs Neue bekräftigen: Wir

Deutschen wollen ein Volk guter Nachbarn sein – den nahen und den fernen.

Gute Nachbarschaft – das ist eine Idee, die gibt es in vielen Sprachen. Oft haben wir in der Diplomatie Probleme, uns über unsere Begriffe und Werte in anderen Sprachen zu verständigen. Doch in guter Nachbarschaft leben zu wollen, das kennen die Völker und Kulturen in vielen Sprachen. Gute Nachbarschaft ist eine sinnvolle Analogie, auch für die Aufgaben der Diplomatie. Denn Nachbarschaften, genau wie internationale Ordnungen, werden nur funktionieren, wenn ihre Bewohner Verantwortung übernehmen, auch jenseits vom eigenen Gartenzaun. Ich sage meinen internationalen Kollegen immer: Nachbarn müssen sich ja nicht mögen, müssen nicht jeden Abend zusammen in der Kneipe sitzen, aber sie müssen in der Lage sein, gemeinsam Probleme zu lösen, die alle betreffen.

Das Funktionieren des UN-Sicherheitsrates ist so ein Beispiel, insbesondere das Verhältnis zwischen den USA und Russland. Natürlich ist es kontraproduktiv, wenn Russland jetzt einseitig militärisch in den Syrien-Konflikt eingreift. Und natürlich hat es die Verhandlungen mindestens hin zu einem Waffenstillstand, auf die viele – auch ich! – während der UN-Generalversammlung in New York vor wenigen Wochen gehofft hatten, zurückgeworfen. Aber dennoch suche ich, wo ich nur kann, das Gespräch mit meinem amerikanischen und russischen Kollegen. Denn klar ist: Wir brauchen Russland für eine Lösung in Syrien. Aber wir brauchen eben nicht Moskaus Bomben, sondern wir brauchen Moskaus Engagement an einem Verhandlungstisch, an dem alle wesentlichen Kräfte sitzen: die USA, Russland und Europa, aber natürlich auch die regionalen Player, die Nachbarstaaten Syriens in der Region.

Am Wochenende war ich im Iran und in Saudi-Arabien, und wenige Tage zuvor in der Türkei. Sie alle sind auf ihre Weise sehr schwierige Gesprächspartner. Aber umso falscher ist das, was manche sagen: Warum redet ihr überhaupt mit denen? Wenn ich nicht schon schlechte Laune habe, dann gucke ich abends manchmal auf meine Facebook-Seite. Zig Kommentare gibt es da jetzt ganz aktuell: Die einen erklären lang und breit, dass wir mit der Türkei nicht reden dürfen, die anderen nicht mit dem Iran, die dritten nicht mit Saudi-Arabien. Ich denke, ganz im Gegenteil: Wer *nicht* mit diesen Akteuren reden will, kann nicht von sich behaupten, dass er Frieden in Syrien wirklich will. Der Konflikt in Syrien wird nur zu lösen sein, wenn auch diese Akteure zu Gesprächen bereit sind. Aber es reicht eben nicht, wenn *wir* mit ihnen reden, sondern sie müssen bereit sein, miteinander zu reden.

Der Weg dahin ist sehr, sehr weit. Wir Deutschen sollten solche Gesprächskanäle ermöglichen und politische Prozesse unterstützen, wo immer wir können. Dabei gilt natürlich: Politik – und erst recht Außenpolitik – ist die Kunst des Machbaren. Unsere Hebel sind begrenzt. In der Wissenschaft sagt man gerne: Diplomatie braucht strategische Geduld. Oder wie ich es aus Praxiserfahrung formulieren würde: einen ausgeprägten Mangel an Schlafbedürfnis.

Doch es gibt Hoffnungszeichen: Beharrlichkeit zahlt sich aus! Nehmen wir das Beispiel Iran. 2005 war ich zum ersten Mal an den Verhandlungen über das iranische Atomprogramm beteiligt. Über die zehn folgenden Jahre hinweg habe ich alle Windungen dieses Prozesses mitbekommen. Habe erlebt, wie oft diese Verhandlungen frustrierend waren, wie oft auf der Stelle tretend, wie oft kurz vor dem Abbruch. Aber diesen Sommer ist es uns in Wien gelungen, ein Abkommen mit dem Iran zu schließen. Dieses Abkommen verhindert nicht nur den Griff des Iran nach der Atombombe, sondern es kann eine Grundlage sein, die vielleicht auch neue Optionen für eine neue Ordnung im Mittleren Osten schafft – wenn der Iran sich aus seiner isolierten Haltung herausbewegt und sich vom Spoiler mehr und mehr zu einem konstruktiven Partner in der Region entwickelt. Ob das gelingt, ist eine offene Frage.

Aber der Punkt ist: Es geschieht nicht von allein. Frieden und Stabilität fallen nie vom Himmel, sondern sie müssen errungen werden. Und deshalb habe ich am Tag der Unterschrift des Wiener Abkommens gesagt: Die Verantwortung der E3+3, die dieses Abkommen mit dem Iran ausgehandelt haben, endet nicht mit der Unterschrift, sondern sie tritt in eine neue Phase. Gerade wir Europäer, die diese Erfahrung schon einmal miteinander gemacht haben, sollten in dieser Region immer wieder dafür werben und arbeiten, dass sich die Parteien dort darauf einlassen, nicht immer nur prekäre Sicherheit *voreinander* zu suchen, sondern echte Sicherheit *miteinander*.

Ordnungen, wie gute Nachbarschaften auch, brauchen Mitglieder, die sich engagieren. Und sie brauchen gemeinsame Grundlagen: das heißt Regeln und Institutionen. Genau das war ja die Vision der UN-Gründung vor siebzig Jahren: Die Staaten der Welt setzen sich selbst Regeln, an die sich hinterher alle zu halten haben; auch die starken.

Auch hier passt die Lebenswelt von Nachbarschaft. Unter Nachbarn gilt doch mindestens eine Grundregel: der Gartenzaun. Die Grenzen und Unverletzlichkeit des anderen zu achten. Leider ist selbst das heute in der internationalen Politik keine Selbstverständlichkeit. Durch die Annexion der Krim und das Eingreifen in der Ostukraine hat Russland diese Grundregel verletzt. Natürlich mussten wir diese Verletzung beim Namen nennen und darauf reagieren. Gerade wir Deutschen tun gut daran, für Regeln und Institutionen in der internationalen Ordnung einzutreten. Am glaubwürdigsten tun wir das, indem wir uns selbst in diese Regeln und Institutionen einbinden und einbinden lassen. Genau dieses Hineinwachsen in Regeln, Bündnisse und Institutionen ist es doch, was über die Jahrzehnte neues Vertrauen in uns hat wachsen lassen; warum wir heute, siebzig Jahre nach Gründung der Vereinten Nationen, nach der Katastrophe des Zweiten Weltkrieges, wieder im Herzen der internationalen Gemeinschaft angekommen sind.

Für diese internationalen Normen, Institutionen und Regeln tragen wir Deutschen deshalb eine besondere Verantwortung. Schon aus historischer Verantwortung, aber auch, weil wir als weltweit eng vernetztes Land schlichtweg abhängig sind von einer regelbasierten internationalen Ordnung.

Beim Stichwort »Regeln« begegnet mir auf meinen Auslandsreisen oftmals ein Stereotyp, das irgendwie tief blicken lässt: »Ach, ihr Deutschen, ihr seid doch die, die bei Rot nicht über die Ampel gehen, selbst wenn weit und breit kein Auto kommt.« Ich sage dann immer: »Na ja, Sie ahnen ja nicht, wie die Fahrradfahrer bei uns rasen – besonders die auf dem Weg von der Uni zur Kneipe!« Hinter dem Stereotyp steckt ja ein tieferer Sinn: Regeln sind kein Selbstzweck. Diese Diskussion haben wir in Europa während der Eurokrise intensiv geführt. Verlässliche gemeinsame Ordnungen brauchen Regeln, ja. Doch Regeln müssen am Ende politische Ziele erfüllen. Die Eurozone ist kein regelkonformer Tempelbau, sondern ein politischer Raum, in dem auch weiterhin Politik stattfinden muss. Das gilt auch für internationale Ordnung insgesamt: Sie ist kein starres Gebäude, sondern sie braucht Luft zum Atmen.

»Auch Ordnungen werden alt«, hat Steven Erlanger einmal gesagt. Das stimmt in zweierlei Hinsicht: Erstens, Legitimität kann über die Zeit verlorengehen. Eine institutionelle Ordnung, die – bis hinauf zum UN-Sicherheitsrat – die Realität von 1945 widerspiegelt, wird auf Dauer Legitimität verlieren, gerade in den Augen der neuen, selbstbewussten Player, die auf die Weltbühne getreten sind. Die Neugründung einer eigenen BRICS-Bank – auch in Folge der Weigerung vor allem des Westens, die Anteile in den bestehenden Institutionen anzupassen – mag ein erstes Anzeichen für diese Tendenz sein.

Der zweite Aspekt ist: Über die Zeit entstehen völlig neue Räume, deren Ordnung noch aussteht. Wenn man auf die eigene moderne Lebenswelt schaut, dann kann man schnell eine ganze Liste solcher Räume aufzählen: Klima und Umwelt natürlich – da müssen wir beim Klimagipfel im Dezember in Paris ein großes Stück vorankommen –, auch der Weltraum, auch die Frage von neuen Nutzungen und Bedingungen auf den Weltmeeren und vor allem das Internet. Eine Ordnung für den digitalen Raum fehlt noch. Wie wir die Balance von Freiheit und Sicherheit nicht nur national, sondern international austarieren, das können nicht Regierungen unter sich ausmachen, sondern die Internet-Unternehmen, die das Datenvolumen akkumulieren, gemeinsam mit der Technologie-Community und den NGOs und Regierungen – all das steht noch aus. Legitimität von Institutionen und Luft zum Atmen, das ist ein wesentliches Spannungsfeld für internationale Ordnungspolitik. Ordnungen brauchen Wandel, aber Wandel braucht Ordnung, damit der Wandel gewaltfrei geschehen kann.

Es gibt ein System, in dem diese Balance am besten funktioniert, und das ist die Demokratie. Demokratien sind in der Lage, sich selbst in Frage zu stellen. Das ist anstrengend, aber es ermöglicht friedliche Veränderung. Deshalb müssen wir in einer Demokratie keine Angst vor Veränderung haben.

Da bin ich zurück beim Thema Flucht und Migration. Wenn Innen und Außen verschwimmen, wenn das Netz der Nachbarschaften dichter wird, dann verändert sich auch das Eigene. Dann verändert sich Heimat. Über die letzten Jahrzehnte ist für Millionen von Menschen Deutschland Heimat geworden! Meine eigene Mutter ist 1945 als Vertriebene aus Schlesien nach Ostwestfalen gekommen. Natürlich wurden auch damals die Neuankömmlinge nicht überall willkommen geheißen. In den sechziger und siebziger Jahren kamen Gastarbeiter aus Italien und Portugal, der Türkei und Griechenland. Neuankömmlinge in den achtziger und neunziger Jahren waren Menschen aus den Gebieten der Sowjetunion und den Bürgerkriegsregionen des Balkans und viele andere mehr. Unser Land hat tiefe Erfahrungen mit Migration und Integration, schon bevor die aktuelle Flüchtlingsbewegung losging.

Heimat verändert sich, und ihre Normen verändern sich. In Deutschland vor fünfzig Jahren durfte eine Frau kein eigenes Konto führen und musste ihren Mann um Erlaubnis bitten, wenn sie eine Arbeitsstelle annehmen wollte. Das ist alles gar nicht so furchtbar lange her. Diese Norm hat sich geändert. Zum Glück. Wir sollten daher aber auch nicht ängstlich sein, und schon gar nicht selbstgerecht, in der Diskussion, ob es uns gelingt, die Neuankömmlinge, die jetzt kommen, in Deutschland zu integrieren. Und die Frage, mit welcher Religion sie kommen, sollte nicht zur dominanten Frage der Integration werden.

Engagement, Einbindung, Wandelbarkeit. Zuletzt will ich noch einen vierten Aspekt von Ordnungspolitik nennen: Vielfalt. Es gibt nicht »die internationale Ordnung«. Es gibt viele internationale Ordnungen. Vom Kreuzberger Kiez bis zur Europäischen Union: Jeder von uns ist Mitglied in vielen überlappenden Ordnungen. Es gibt lokale, nationalstaatliche und regionale Ordnungen. Aber auch solche, die wir mit Fug und Recht universell nennen dürfen: allen voran die allgemeine Erklärung der Menschenrechte.

»Ordnungspolitik« findet auf allen diesen Ebenen statt. Eine ausschließlich national umrissene »Ordnungspolitik« wie aus dem alten VWL-Lehrbuch *kann* es gar nicht mehr geben in dem Netz aus Nachbarschaften, in dem wir leben. Und weil wir Deutschen Mitglied in vielen Ordnungen sind, engagieren wir uns auf den verschiedenen Ebenen. Wir engagieren uns in den Vereinten Nationen, denn die Vereinten Nationen können nicht stärker sein, als ihre Mitglieder sie lassen. Wir engagieren uns auf der regionalen Ebene, denn die EU ist zwar zweifellos ein globaler Vorreiter von regionaler Ordnung – aber viele auf der Welt fragen sich im Angesicht von Eurokrise und Flüchtlingsverteilung und Ukraine-Konflikt, ob sie dem Druck standhält. Diesen Beweis können wir Europäer nur gemeinsam erbringen!

Wir engagieren uns auf der nationalstaatlichen Ebene. Der souveräne Nationalstaat wird bis auf weiteres der Grundbaustein von internationaler Ordnung bleiben. Deshalb beteiligen wir uns an der Stabilisierung von fragilen Staaten im Krisenbogen von Libyen über Irak bis Afghanistan, deshalb unterstützen wir ganz essentielle staatliche Funktionen von Schulen bis Krankenhäusern, deshalb fördern wir Projekte von Krisenprävention und guter Regierungsführung.

Aber die Vielfalt von Ordnungen bedeutet noch etwas anderes. »Alles muss seine rechte Ordnung haben« ist zwar ein schönes Sprichwort. Doch es taugt nicht viel in der Außenpolitik. Achsen des Bösen und Achsen des Guten sind selten hilfreiche Kategorien. Ich erinnere mich an ein NATO-Außenministertreffen, noch recht am Anfang der Ukraine-Krise in 2014. Da sagte der kanadische Außenminister: »*Guys!* Wir müssen uns jetzt entscheiden, ob Russland Freund oder Feind, Partner oder Gegner ist.« Ich sagte ihm: »In Kanada kann man diese Frage vielleicht so stellen. In Europa wird Russland immer eines bleiben: ein großer Nachbar!« Allein deshalb dürfen wir Sicherheit in Europa langfristig nicht ohne und schon gar nicht gegen Russland – sondern nur *mit* Russland entwerfen. In diesem Geist haben wir uns entschieden, 2016 den Vorsitz der OSZE zu übernehmen. Ja, es gibt viele verschiedene Vorstellungen von Ordnung auf der Welt. Es gibt sogar eine Art Ideenwettstreit um den Begriff der Ordnung.

Im Frühjahr 2014, während der Annexionsphase auf der Krim, als die Separatisten ein völkerrechtlich nicht konformes Referendum zur Abspaltung abhielten, hing, so erzählte mir ein Journalist, ein Wahlplakat überall auf der Krim verteilt: vor tiefrotem Hintergrund ein gemaltes Konterfei von Wladimir Putin und darunter nur ein einziges Wort: »*Porjádok*«! Russisch für Ordnung!

Zweifellos: Ordnung allein ist kein selbstsprechender Begriff. Es kommt darauf an, mit welchem Inhalt wir ihn füllen.

Wenn es denn einen Ideenwettbewerb um Ordnung gibt, dann haben wir allen Grund, uns selbstbewusst zu beteiligen. Nicht, indem wir die Moralkeule schwingen, sondern indem wir auf die Kraft unseres Beispiels vertrauen. Nicht, indem wir alles besser wissen, sondern indem wir etwas anzubieten haben. Nicht, indem wir uns abschotten gegen eine unfriedliche Welt, sondern indem wir rausgehen und uns engagieren.

Von meinen Reisen als Außenminister kann ich jedenfalls eines berichten: Viele da draußen erwarten das von uns! Sie trauen uns Deutschen zu, gute Nachbarn zu sein. Und sie hoffen darauf, dass wir uns engagieren für das Netz aus Nachbarschaften, in dem wir leben.

FÜRCHTET EUCH NICHT

Pförtner in Moldawien –
Ente in Südfrankreich –
Schicksalsmoment in Paris –
Per Anhalter in Brüssel –
Barfuß in Warschau

Wenn ich auf meinen Reisen Menschen auf der ganzen Welt begegne, dann geht es nicht nur um ihre Heimatländer, um die Hoffnungen und Sorgen vor Ort, sondern dann sprechen wir auch über die Gegend, aus der ich komme und die ich repräsentiere. Oftmals sehen die Leute in mir gar nicht in erster Linie den deutschen Außenminister, sondern einen Vertreter Europas. Das ist bemerkenswert, gerade in Zeiten, in denen sich bei uns die Europaskepsis breitmacht, in denen Nationalisten Rückenwind haben und sich Großbritannien für den Austritt aus der Europäischen Union entschieden hat. Von außen also sieht Europa ganz anders aus als von innen! Das erlebe ich auf meinen Reisen immer wieder. In Tunis, bei einer Diskussion mit Studierenden der El-Manar-Universität, spricht eine junge Frau von ihrem Traum, sich eines Tages nach »*Baladeuroba*« aufzumachen. *Balad* bedeutet auf Arabisch: Land. Sie hat also vom Europaland gesprochen. In Chişinău, der Hauptstadt von Moldawien, als ich mit meiner Delegation das dortige Außenministerium betrete, sehe ich im Augenwinkel den Pförtner im Torhäuschen sitzen, und traue meinen Augen nicht: Er trägt eine Krawatte in den Europafarben, goldene Sterne auf blauem Grund. Wer in Berlin oder Warschau oder Paris trägt bei der Arbeit eigentlich einen EU-Schlips?

Den Blick auf unser Europa durch die Augen der Welt empfinde ich als unheimlich bereichernd, er ist fast wie ein Korrektiv. Denn bei allen Problemen innerhalb der Europäischen Union bleibt Europa für viele Menschen auf der Welt ein Sehnsuchtsort. Sie sehen in Europa ein Friedensprojekt, einen Ort von Wohlstand und Demokratie. Sie sehen in Europa ein Gesellschaftsmodell, das die Freiheit des Einzelnen und den Zusammenhalt der vielen ins Gleichgewicht bringt.

Es sind diese Geschichten, die wir uns viel zu selten erzählen. Geschichten von Freiheit und Sehnsüchten. Aber jeder von uns hat sie! Als ich 17 war, und der Erste aus meiner Clique den Führerschein hatte, sind wir mit einer Ente nach Südfrankreich gefahren. Für mich war es die erste Reise ins Ausland, das erste Mal mit Freunden unterwegs, ohne Eltern. Das erste Mal Grenzen passieren, mich in einer anderen Sprache und Kultur zurechtfinden. Wir hatten 400 Mark für vier Wochen, das hieß vier Wochen lang Baguette und Käse, für Rotwein reichte es gerade noch. Diese Reise stand am Anfang meiner Beziehung zu Europa. Frankreich, das kann ich so sagen, war meine erste Liebe.

Die Beziehung zwischen Deutschland und Frankreich ist und bleibt einzigartig. Zugleich ist sie beispielhaft für das heutige Europa. Genauso wenig, wie ich mir vor vierzig Jahren, als ich mit der Ente durch Frankreich tourte, hätte vorstellen können, einmal deutscher Außenminister zu sein, hätte sich damals jemand vorstellen können, wie eng und selbstverständlich die deutsch-französische Zusammenarbeit einmal sein würde. Sie ist heute europäische Routine. Regelmäßig gehe ich gemeinsam mit dem französischen Außenminister auf Reisen. Wir waren zusammen weit weg, in Bangladesch, Mali und Nigeria, aber wir waren auch gemeinsam in der Heimat des jeweils anderen. Mit Jean-Marc Ayrault bin ich durch die mittelalterliche Altstadt von Brandenburg an der Havel spaziert, wo ich meinen Wahlkreis habe. Mit Laurent Fabius habe ich einen unvergesslichen Tag in Reims verbracht. In der Kathedrale von Reims, dem nationalen Heiligtum der Franzosen, in das deutsche Kanonen im Ersten Weltkrieg tiefe Wunden schlugen, weihten wir neue Kirchenfenster ein: wunderbare, bunte, lichtdurchflutete Formen, gestaltet vom Künstler Imi Knoebel, einem Deutschen. Die deutsche und französische

Regierung hält sogar gemeinsame Kabinettssitzungen ab. Der französische Außenminister saß schon neben mir im deutschen Kabinett, und ich saß neben ihm im französischen Kabinett. Es gab Wochen, in denen ich meinen französischen Kollegen häufiger als meine Familie gesehen habe.

Den derzeitigen französischen Außenminister Jean-Marc Ayrault kenne ich schon lange, noch aus der Zeit, als ich Kanzleramtschef war. Ayrault war früher Deutschlehrer und kennt Deutschland sehr gut. Wenn wir zusammen unterwegs sind, dann fliegen wir nicht nur im selben Regierungsflieger, sondern nehmen auch an denselben Terminen teil. Eine Reise für *einen* Außenminister zu planen ist für die Protokollabteilung schon ziemlich aufwendig, für zwei Außenminister bedarf es fast übermenschlicher Geduld. Der eine will lieber Künstler treffen, der andere die dort stationierten Soldaten; der eine findet diesen örtlichen Politiker wichtig, der andere jenen. Unsere Ministerien, das Auswärtige Amt und der Quai d'Orsay, erstellen vor diesen Reisen auch gemeinsame Gesprächsunterlagen. Das heißt, Deutsche und Franzosen sollen zu einer gemeinsamen Lage-Einschätzung kommen. Wenn unsere gemeinsame Reise beginnt, haben die zuständigen Beamten schon viele Wochen hinter sich, in denen sie intensiv mit ihren französischen Kollegen zusammengearbeitet haben. So lernt man sich kennen und verstehen. Mein Ministerbüro hat seinen letzten Betriebsausflug vor den Sommerferien sogar zusammen mit den französischen Counterparts veranstaltet. Es gab Thüringer Bratwurst und französischen Wein.

Es heißt, dass wahre Freundschaft sich in der Not zeige. Als Außenminister habe ich leider auch sehr dunkle Momente in Frankreich erlebt. Als ich am Vormittag des 24. März 2015 erfuhr, dass ein deutsches Flugzeug mit 150 Menschen an Bord im südfranzösischen Département Alpes-de-Haute-Provence abgestürzt sei, machte ich mich umgehend auf den Weg zum Unglücksort. Schon wie wir am Flughafen von Marseille empfangen wurden, hat mich tief berührt. Der Präfekt der Region drückte uns fest die Hand, sah uns in die Augen und sagte: »Wir sind bei euch, es ist schrecklich, was passiert ist, aber wir helfen euch.« Es war dieses Gefühl der Anteilnahme, das uns jeder vermittelt hat: die Hubschrauberpiloten, die uns zur Absturzstelle flogen, die Feuerwehrleute, die Helferinnen und Helfer, die in einer Turnhalle im Dorf nahe der Absturzstelle in Windeseile ein Notfallzentrum einrichteten. Neben ihrer Menschlichkeit und Herzenswärme haben sie unglaublich effiziente Hilfe geleistet. Innerhalb von wenigen Stunden hatten sie die Turnhalle der örtlichen Schule umgebaut, den Krisenstab eingerichtet, Kondolenzbücher ausgelegt. Psychologen waren vor Ort, die kleine Buttons trugen, auf denen stand, welche Sprache sie sprachen. So bereiteten sich unsere französischen Freunde auf die Angehörigen der Verunglückten vor. Selten habe ich in meiner politischen Laufbahn einen solchen Moment größter Nähe zwischen Vertretern unterschiedlicher Nationen erlebt.

Dieselben Menschen traf ich ein halbes Jahr später in Paris wieder. Ich war in die Residenz des deutschen Botschafters gefahren, um die Helferinnen und Helfer zu ehren, die so Großartiges bei der Germanwings-Katastrophe geleistet hatten. Sie, die uns geholfen hatten, sollten innerhalb kürzester Zeit ein zweites Trauma erleben. Es war der 13. November. Die Lufthansa hatte gemeinsam mit dem deutschen und dem französischen Fußballverband tausend Germanwings-Helfer ins Stade de France eingeladen, wo abends ein Freundschaftsspiel zwischen der deutschen und französischen Nationalmannschaft stattfinden sollte. Nach der Verleihung der Bundesverdienstkreuze und dem Empfang in der Residenz fuhren wir gemeinsam zum Stadion. Wir alle freuten uns auf ein großartiges Fußballspiel.

Das Stade de France war ausverkauft, die Stimmung prächtig. Die Marseillaise wurde gesungen, Tausende Fahnen geschwenkt. Ich saß neben Präsident François Hollande, und keiner von uns ahnte, wie dieser Abend enden würde. Wir wussten zwar von einer Anschlagswarnung auf das Hotel, in dem die deutsche Mannschaft einquartiert war. Sie wurde kurzerhand evakuiert und in ein anderes Hotel gebracht. Doch auf das, was an jenem Abend geschehen sollte, gab es keinerlei Hinweise.

Das Spiel läuft, als wir im Stadion einen Knall hören, dann noch einen, dumpf und ziemlich laut. Sorgen macht sich niemand, wahrscheinlich denken viele wie ich: ein paar krawallige Fans, die Feuerwerkskörper im Stadion gezündet haben. Tatsächlich passiert erst mal nichts. Es dauert zehn Minuten, bis ich merke, dass die Sicherheitsleute um uns herum nervös werden. Der Polizeipräfekt verlässt seinen Platz, um zu telefonieren. Kurz darauf wird François Hollande das erste Mal von der Tribüne geholt, kommt kurz darauf zurück, setzt sich und informiert mich über eine Explosion, die in der Nähe des Stadions stattgefunden habe. Es habe vermutlich auch Tote gegeben. Das Spiel, immer noch in der ersten Halbzeit, läuft weiter, Sicherheitsbeamte beugen sich in immer kürzeren Abständen über uns und geben Auskunft über erste Erkenntnisse. Bald hören wir von Vorkommnissen auch an anderen Orten der Hauptstadt, die auf Anschläge hindeuten. Hollande und ich verlassen gemeinsam unsere Plätze, hinter der Tribüne werden wir von der französischen Sicherheit unterrichtet, die Lage ist noch unübersichtlich, offenbar gibt es Todesopfer. Die Polizei bittet uns zurück auf die Tribüne, bis es genauere Erkenntnisse gibt. Quälende Momente vergehen bis zur Halbzeitpause, die vermutete Zahl der Opfer steigt von zwei auf fünf, bald auf 15. In der Halbzeitpause zieht sich der Präsident zur Lagebesprechung zurück, langsam erahnen wir das ganze Ausmaß: Offenbar wurden mehrere terroristische Anschläge zur gleichen Zeit verübt, von einer Geiselnahme ist die Rede. So stehen wir im VIP-Bereich, eine Scheibe trennt uns von den Plätzen draußen im Stadion. Jeder hat sein Telefon in der Hand und versucht, etwas in Erfahrung zu bringen.

Zur zweiten Halbzeit bitten uns die französischen Sicherheitsleute wieder hinaus auf unsere Plätze. »Herr Steinmeier, wir würden Sie bitten, sich wieder auf Ihren Platz zu setzen. Sie müssen verhindern helfen, dass Panik unter den Zuschauern ausbricht, wenn sie sehen, dass der VIP-Bereich leer ist.« Im Wissen um das, was gerade im Gange ist, ist es eine unendlich lange zweite Halbzeit. Hollande und ich achten kaum mehr aufs Spiel, mehr auf die Zuschauer. Doch die Nachrichten der Katastrophe scheinen sich noch nicht zu verbreiten, das Publikum bleibt konzentriert aufs Spiel, bis zum Ende. Kurz vor Abpfiff holt uns die französische Sicherheit von der Ehrentribüne, eskortiert uns zu den Autos, ein letzter Händedruck mit dem Präsidenten und schon sind wir unterwegs, mit hohem Tempo, aus den unterirdischen Katakomben des Stadions heraus in Richtung Flughafen. Hinter uns sehen wir noch, dass der Stadioneingang, wo die Explosion stattgefunden hat, weiträumig abgesperrt ist, und die Sicherheitskräfte, in größter Ruhe und Professionalität, die ersten Zuschauer zu Bussen und Métro geleiten. Vom Flughafen geht es für mich nach Wien, dort findet am nächsten Tag eine weitere Syrien-Konferenz statt. Immer noch haben wir kein genaues Lagebild, aber klar ist, dass Paris erneut vom Terror heimgesucht worden ist. Nach dem Start drehen wir über der Stadt und sehen unter uns das hell erleuchtete Stadion. Unzählige Menschen sind auf den Rasen geströmt. Nach unserer Ankunft in Wien erfahren wir mehr darüber, was an jenem Abend in Paris geschehen ist: furchtbare Anschläge, bei denen 130 Menschen getötet wurden.

In der Folgezeit war es an uns Deutschen, den Franzosen beizustehen. Wir haben unsere Beteiligung im Kampf gegen den sogenannten »Islamischen Staat« in Syrien und im Irak intensiviert. Und in der ziemlich leidigen Debatte, die im Anschluss an Hollandes Aussage aufflammte, Frankreich befinde sich im

Krieg gegen den Terror, sagte ich: Ich respektiere, dass viele Franzosen dies als Krieg empfinden. Wir sollten Frankreich in der Not beistehen, statt uns in semantische Debatten zu versteigen. Nach *Charlie Hebdo*, Bataclan und Nizza ist die Terrorgefahr weiterhin virulent, für Frankreich und für ganz Europa.

Wie ich beispielhaft von Frankreich erzähle, könnte ich von der Freundschaft, von den vielen prägenden Erlebnissen mit anderen europäischen Staaten erzählen. Das gilt natürlich auch für das handelnde Personal. So eng und vertraut ich mit dem französischen Außenminister bin, so kenne ich die meisten meiner europäischen Kollegen lange und gut. Derjenige, den ich am längsten von ihnen kenne, stammt aus einem der kleinsten Länder der Union: Jean Asselborn aus Luxemburg. Wir sind über die Jahre enge Freunde geworden, und als solche vermeiden wir eigentlich gegenseitige Verletzungen. Bis auf das eine Mal. Da waren wir gemeinsam auf der Rückreise von einem europäisch-lateinamerikanischen Gipfeltreffen in der Dominikanischen Republik und teilten uns, auch das vielleicht ein Zeichen der Verbundenheit, das Schlafzimmer im Regierungsflieger. Doch als Jean des Nachts rausmusste, ist er aus Versehen gegen die geschlossene Tür gedonnert. Der Unglückliche hat sich dabei den Zeh gebrochen, aber er hat es weder mir noch der Luftwaffe übelgenommen, und seinem unvergleichlichen Humor konnte das ohnehin nichts anhaben. Genauso lange kenne ich Javier Solana. Als ich zum ersten Mal deutscher Außenminister wurde, war er Hoher Vertreter für die gemeinsame europäische Außenpolitik, und ich habe von ihm viel über europäische und internationale Politik gelernt. Bis heute schätze ich seinen unabhängigen Rat und seinen nüchternen Blick auf die Realität, und wir lassen keine Gelegenheit für ein Glas Rotwein miteinander aus – wenn ich in Madrid bin, er in Berlin ist, oder sich unsere Wege sonst irgendwo in der Welt kreuzen.

Die Partnerschaft in der Europäischen Union ist mein politischer Alltag. Dementsprechend viele alltägliche Dinge erleben wir auch miteinander. Da fällt mir etwa das Stichwort »MFG« ein. MFG heißt für mich nicht mehr nur Mitfahrgelegenheit, wie zu Studentenzeiten, sondern neuerdings auch Mit*flug*gelegenheit. Ich war zu einem Routinetermin beim EU-Außenrat in Brüssel. Abends sollte ich in Berlin eine Rede halten. Als ich in unser kleines Flugzeug der Luftwaffe steigen will, erfahre ich, dass es defekt ist und nicht starten kann. Auf dem Rollfeld stand eine ganze Reihe von Flugzeugen, mit denen meine Kollegen nach Brüssel gekommen waren, ein ganzer Fuhrpark von Regierungsfliegern. An jenem Tag hatte ich das Glück, dass mein tschechischer Kollege Lubomír Zaorálek auch gerade loswollte. Er sah von weitem, dass ich etwas ratlos vor dem deutschen Flieger stand, marschierte quer über den Asphalt zu uns hinüber und fragte, ob er mich mitnehmen könne. Er hat seinen Piloten extra einen Umweg fliegen lassen, statt direkt nach Prag erst mal nach Berlin, um mich abzusetzen. Die Landegenehmigung, die eigentlich unserer eigenen Luftwaffe galt, wurde kurzerhand der tschechischen Luftwaffe übertragen. Ich bin rechtzeitig zu meiner Rede gekommen. Ein paar Tage später habe ich ihm zum Dank eine Pilotenbrille nach Prag geschickt. Unser nächstes EU-Außenministertreffen ein paar Wochen später fand zufälligerweise nicht in Brüssel statt, sondern im sonnigen Athen. Als ich Lubomir vor dem Tagungshotel in die Arme lief, hatte er die Sonnenbrille auf, grinste mich an und sagte: »Danke dir, Frank, wirklich sehr praktisch.«

So alltäglich die Partnerschaft in Europa ist, so wenig selbstverständlich ist sie leider bis heute. Die letzten Jahre waren Krisenjahre, auch in der Europäischen Union: Finanz- und Eurokrise, die wirtschaftlichen Sorgen der südlichen Mitglieder, die aufflammenden rechtsnationalen und antieuropäischen Parteien, die Terrorbedrohung, die Krisen in der Nachbarschaft, der Streit über die Flüchtlingsfrage, der Brexit. Dies sind Jahre, in denen es in Europa ums Zusammenhalten geht! Und weil das so ist, ging es in meiner Europapolitik zuletzt nicht mehr nur um das multilaterale Gesamtwerk der Europäischen Union, sondern zunehmend wieder um die Pflege der bilateralen Beziehungen innerhalb Europas. Griechenland-Deutschland, Polen-Deutschland, Großbritannien-Deutschland: Auch diese Freundschaften haben in letzter Zeit Krisen überstehen müssen, und auf einmal ging es im Auswärtigen Amt wieder ums diplomatische Kerngeschäft: unzählige bilaterale Besuche, Erklärung der eigenen Haltung, Bemühen um Verständigung, miteinander Sprechen statt übereinander.

Polen ist unser großer und wichtigster Nachbar im Osten, so wie Frankreich es im Westen ist. Ganz bewusst habe ich bei einer Rede in Warschau die Metapher vom Barfußgehen gewählt. In Krisenzeiten stehen wir einander barfuß gegenüber. Es sind existentielle Zeiten, Zeiten ohne Maske und Make-up. Umso mehr müssen wir uns Mühe geben und sorgfältig umgehen mit unseren Freundschaften in Europa. Diese Freundschaften bleiben der Kern und der Anker aller deutschen Außenpolitik.

An der Deutschen Schule in Madrid, Oktober 2015

Mit Laurent Fabius in Bangladesch, September 2015

Mit den Außenministern von Frankreich, Belgien, den Niederlanden, Luxemburg und Italien im Park der Villa Borsig, Berlin, Juni 2016

Nacht des Terrors: Mit Präsident Hollande im Stade de France, November 2015

DEUTSCH-POLNISCHES FORUM

19. April 2016
Warschau

Die ersten Schritte auf dem langen Weg zur deutsch-polnischen Freundschaft wurden barfuß zurückgelegt! Vor über eintausend Jahren macht sich Kaiser Otto III. auf den Weg von Rom nach Gnesen. Er will das Grab seines väterlichen Freundes Adalbert aufsuchen. Gleich hinter der böhmischen Grenze, am Ufer des Flusses Bober, empfängt ihn Herzog Bolesław von Polen. Otto erkennt in ihm einen Ebenbürtigen und setzt ihm zum Zeichen der Freundschaft seine eigene Kaiserkrone auf. Mit allen Ehren und großem Tamtam geleitet Bolesław den Kaiser nach Gnesen. Doch auf dem letzten Wegstück zieht Otto seine Schuhe aus. Er kommt in die Stadt seines neuen Freundes und an das Grab seines Mentors nicht als Herrscher, sondern als einfacher Pilger – als Mensch. So beginnt der lange, schicksalhafte Weg der deutsch-polnischen Beziehungen. Er ist und bleibt *nicht* in erster Linie ein politischer Weg – Regierungen kommen und Regierungen gehen –, sondern der Weg zweier Völker.

Unser Weg durch die Jahrhunderte war gewiss kein sonniger, sondern er sollte durch dunkelste Täler führen und an den Tiefpunkt der Menschheitsverbrechen, die Deutsche in und an Polen verübt haben. Auch daran werden wir heute, am Jahrestag des Ghetto-Aufstandes, hier in Warschau erinnern. Umso erstaunlicher ist es aber – im Grunde fast ein Wunder –, wohin uns dieser Weg tausend Jahre nach den ersten Schritten geführt hat: zu einer festen Freundschaft in einem vereinten Europa! 25 Jahre deutsch-polnischer Nachbarschaftsvertrag sind allemal Grund zum Feiern! Und wenn wir diesen Sommer die 25 Jahre ordentlich feiern, brauchen wir gar kein schlechtes Gewissen zu haben: Denn schon der Akt von Gnesen vor tausend Jahren wurde mit einem mehrtätigen und, laut neuster historischer Forschung, *deftigen* Festgelage besiegelt … jedenfalls nicht vegetarisch. Da der deutsch-polnische Weg immer ein Weg von Menschen war, sollten wir uns auch in diesem Jubiläumsjahr als Menschen begegnen – ehrlich, ohne politische Floskeln –, barfuß sozusagen.

Und wenn wir ehrlich miteinander reden, dann müssen wir sagen: Ja, der 25. Jahrestag ist Grund zum Feiern, aber er fällt in äußerst bedrohliche Zeiten! Bedroht fühlen sich in diesen Zeiten viele Polen und ebenso viele Deutsche. Gründe gibt es leider genug: Die internationalen Krisen überschlagen sich: Syrien, Irak, Libyen – und, hier in direkter Nachbarschaft Polens: die Ukraine. Die Krisen rücken nicht nur näher an Europa heran, sondern sie sind mitten unter uns angekommen: in Gestalt der Tausenden Flüchtlinge, die bei uns in Europa Zuflucht suchen vor Krieg und Gewalt. Der menschenverachtende Terror des »Islamischen Staates« plagt nicht nur den Mittleren Osten, sondern er hat auch im Herzen Europas zugeschlagen. Fortschreitende Globalisierung, gefühlte Entgrenzung und sogar die Integration Europas – viele Menschen in Polen und in Deutschland empfinden all das nicht als Verheißung, sondern als Bedrohung. Die gewachsene europäische Friedensordnung, gegründet auf Helsinki-Schlussakte und Paris-Charta, ist mit der völkerrechtswidrigen Annexion der Krim durch Russland in Frage gestellt.

All das löst bei vielen Polen und Deutschen Ängste aus. Und die meisten dieser Ängste teilen Polen und Deutsche. Sie bestehen gleichzeitig. Es sind Geographie und geschichtliche Erfahrungen, die manchmal die Gewichtung etwas unterschiedlich ausfallen lassen. Wo das der Fall ist, wie gelegentlich bei der Frage des Umgangs mit Russland, müssen wir reden. Wichtig ist, dass wir uns gegenseitig ernst nehmen. *Weder* die einen *noch* die anderen Bedrohungsgefühle sind mehr oder weniger berechtigt. Die Frage ist nur: Wie reagieren wir darauf?

Zugleich geschieht noch etwas anderes: Zeiten der Bedrohung sind Zeiten von *»identity politics«*. Die Menschen werden zurückgeworfen auf existentielle Fragen: Wer sind wir? Und wer sind die anderen? Gerade jetzt im Angesicht von Flüchtlingen und Neuankömmlingen fragen die Menschen: Wer sind wir als Polen? Als Deutsche? Als Europäer? Natürlich treten da Unterschiede zutage, auch unterschiedliche Erwartungen an Europa. Dies sind Zeiten ohne Make-up. Wir stehen, um im Bild zu bleiben, einander barfuß gegenüber!

Deshalb ist dieser 25-jährige Jahrestag nicht nur eine Feierstunde. Er ist auch eine Reifeprüfung der deutsch-polnischen Freundschaft. Vieles hängt von unseren Antworten ab. Die deutsch-polnischen Beziehungen haben nicht nur eine große Höhe erreicht, sie haben auch eine große *Fall*höhe erreicht. Für unsere beiden Länder selbst, aber auch für Europa insgesamt. Deshalb spreche ich von der »deutsch-polnischen Verantwortungsgemeinschaft«. Die Menschen schauen zur Politik und erwarten Antworten: nicht nur technische Antworten, Maßnahmen, *»policies«*. Sondern Identität, Selbst-Vergewisserung, Rückversicherung. Und wieder stellt sich die Frage: Wie antworten wir?

Manche Leute haben ganz einfache Antworten parat: abschotten, abgrenzen, einigeln! Das ist die einfachste Art, die eigene Identität zu stärken: durch Feindbilder und Misstrauen gegen andere. Es gibt solche Stimmen, leider auch unter Deutschen und Polen. Aber es gibt sie auch bei unseren Nachbarn in Europa oder in Amerika bei Mr Trump. Ich kann nur warnen vor der Politik der Angst! Angst ist ein wichtiger menschlicher Reflex. Aber Angst ist ein schlechter Ratgeber! In der Politik genau wie im eigenen Leben.

Ich will stattdessen an einen andern, einen ganz einfachen Satz erinnern, der in Polen einen besonderen Klang hat: »Fürchtet euch nicht!« Mit dieser Losung bestieg Karol Wojtyla vor fast vierzig Jahren den Heiligen Stuhl. Wenig später reiste der Papst in seine polnische Heimat. Er sprach hier in Warschau, nur einen Steinwurf von diesem Saal entfernt auf dem Piłsudski-Platz. *Und* er sprach in Gnesen, jener Stadt, in der die deutsch-polnische Freundschaft begann. Vielleicht war es ja kein Zufall, dass er in Gnesen ausgerechnet die Pfingstmesse feierte – die Botschaft von Verständigung und Gemeinschaft statt Abschottung und Angst.

In seiner Pfingstpredigt spricht Johannes Paul II. von der Begegnung von Otto, dem Deutschen, und Bolesław, dem Polen, am Grabe Adalberts, eines Tschechen. Er spricht von der Erhebung Gnesens zum Erzbistum und der Ankunft von Mönchen aus Italien und Irland. Und er sagt damit: Der Ursprung Polens ist untrennbar verbunden mit dem Ursprung Europas. Die polnische Identität, nach der ihr sucht, ist vom ersten Moment an auch eine europäische!

Heute, in Zeiten, in denen die Menschen nach Identitäten fragen – nach der eigenen, nach anderen und gemeinsamen Identitäten –, treten auch diese langen Linien neu ins Bewusstsein. Daher freut es mich besonders, dass ein wichtiges gemeinsames Projekt gerade sein erstes Etappenziel erreicht hat: Band 1 des deutsch-polnischen Geschichtsbuches ist fertiggestellt! Er reicht bis zum Ende des 15. Jahrhunderts, also können Schüler in Polen und Deutschland hoffentlich bald überprüfen, dass ich keinen Unsinn erzählt habe, was die kaiserliche Fußbekleidung betrifft! Und außerdem werden sie feststellen, dass unser Bolesław niemand anderes war als der Sohn Mieszkos, an dessen Taufe hier in Polen vor wenigen Tagen erinnert wurde. Will sagen: Polens Ursprung ist untrennbar verbunden mit der Geburtsstunde der deutsch-polnischen Freundschaft. Das heutige Europa ist freilich ein anderes, als Johannes Paul II. oder geschweige denn Bolesław und Otto es kannten: größer, offener, vielfältiger und gewiss nicht mehr rein christlich. Doch das braucht uns keine Angst zu machen. Im Gegenteil: Das heutige Europa durchlebt turbulente Zeiten, und es braucht ein starkes, aktives Polen. Genauso brauchen wir, Deutschland und Polen, einander. Wojtylas »Fürchtet euch nicht!« sollte uns Mut machen und Ansporn sein, gerade in Zeiten, in denen wir barfuß gehen! Es gibt reichlich zu tun für unsere deutsch-polnische Verantwortungsgemeinschaft: In unserer Nachbarschaft: einerseits im Osten, in der Ukraine, gerade jetzt, wo eine neue Regierung dringend notwendige Reformen anpacken muss und wir – Polen und Deutschland – sie darin unterstützen. Andererseits in unserer südlichen Nachbarschaft, etwa durch gemeinsame Projekte der humanitären Hilfe und Stabilisierung in den Krisenregionen des Mittleren Ostens. Solange wir Krieg und Gewalt dort nicht beenden, werden Menschen weiterhin die Flucht ergreifen. Und natürlich auch im Bereich der Sicherheitspolitik, gerade jetzt, wo wir uns auf den Warschauer NATO-Gipfel vorbereiten, der ein erfolgreicher sein wird.

Bei diesen und bei den vielen anderen Themen braucht Europa Polen! Schon oft in der Geschichte hat Polen die Fackel mutig vorangetragen.

1791 zum Beispiel gab der Sejm diesem Land die erste freiheitliche Verfassung Europas. Sie hat viele inspiriert, nicht zuletzt die deutschen Freiheitskämpfer des 19. Jahrhunderts. Sie enthält auch, das habe ich aus aktuellen Gründen einmal nachgelesen, die Prinzipien von Rechtsstaatlichkeit und Gewaltenteilung. Das zeigt: Dies sind tiefverwurzelte polnische *und* europäische Verfassungsprinzipien und sie sollten es bleiben!

Später dann, mit seiner Polenreise, hat Johannes Paul II. den

Funken der Freiheit neu entfacht, der nicht nur Polen, sondern ganz Europa erfassen sollte. Ein Jahr nach der Papst-Reise unterschreibt Lech Wałęsa die Gründungsakte der Solidarność – auf seinem Kugelschreiber prangt das Konterfei von Johannes Paul II. Mich persönlich – ich war damals Student – hat dieser Moment gehörig wachgerüttelt. Die Parteinahme für Solidarność hat auch bei uns, jedenfalls in meinem politischen Lager, manche Turbulenzen erzeugt, scharfe Debatten hervorgerufen, an der für mich auch politische Freundschaften zerbrochen sind.

Auch im Osten Deutschlands gerät etwas ins Wanken. Dietmar Woidke, unser Koordinator für die deutsch-polnischen Beziehungen, leistet gerade seinen Wehrdienst in der Nationalen Volksarmee, als 1981 das Kriegsrecht in Polen verhängt wird und sein Bataillon zum Beistand des Warschauer Regimes beordert wird. Eines Nachts ertönt der Gefechtsalarm. Im Stockdunkeln, mit der Kalaschnikow im Anschlag, rauscht seine Lastwagenkolonne durch die Brandenburgischen Wälder in Richtung polnische Grenze: In diesem Moment, so erzählte es mir Dietmar, sei die DDR in ihm gestorben.

Heute entdeckt eine ganz neue Generation den Funken, der in unseren Beziehungen steckt, eine Generation, die die Narben unserer Geschichte nur aus den Erinnerungen anderer kennt. Über zweieinhalb Millionen junge Menschen haben seit dem Nachbarschaftsvertrag am deutsch-polnischen Jugendaustausch teilgenommen.

In politisch schwierigen Zeiten ist der direkte Kontakt zwischen den Menschen umso wichtiger! Gerade weil es in Europa auf Polen und Deutsche ankommt, müssen wir ehrlich und ernsthaft miteinander umgehen. Wenn wir gemeinsam barfuß gehen, dann treten wir uns nicht auf die Füße. Sondern dann räumen wir die Steine aus dem Weg, die vor uns liegen.

EIN BÜNDNIS DER ZUVERSICHT

Fahrrad auf dem Ku'damm –
Roadtrip in Virginia –
Ausflug mit Hund –
»Super-Tuesday« an der Uni

Als mein amerikanischer Kollege John Kerry ein kleiner Junge war, lebte er mit seiner Familie für eine Weile in Berlin. Das war wenige Jahre nach dem Krieg, sein Vater Richard arbeitete in Dahlem als Rechtsberater für den Hochkommissar der amerikanischen Siegermacht, James Bryant Conant. Berlin lag in Trümmern. Der kleine John fuhr regelmäßig mit seinem Fahrrad durch die Straßen und als er einmal auf dem Kurfürstendamm unterwegs war, ragte aus den Schuttbergen ein Haus, weit und breit das einzige, das wiederaufgebaut war. Kerry kann sich noch genau an das glänzende Messingschild erinnern, das daran angebracht war. Darauf stand: »Gefördert vom Marshall-Plan«. Dieses Bild hat die transatlantische Beziehung fest in seinen politischen Kosmos eingebrannt.

Ich selbst bin im geteilten Deutschland aufgewachsen, studierte in Gießen, hundert Kilometer vom Eisernen Vorhang entfernt. Die ganze Welt war zweigeteilt, und es war klar, auf welcher Seite wir standen. Washington war der Pol, auf den wir ausgerichtet waren. Das galt für unsere Kritik als linke Studierende – Kritik an amerikanischer Außenpolitik, Kritik am Kapitalismus –, aber zugleich wussten wir um den Schutzmantel, der von dort über uns und bis zur Grenze ausgebreitet war. Diese Zeit hat mein Koordinatensystem geprägt.

Die Welt hingegen, in der meine Tochter aufwächst, ist eine völlig andere. Diese Welt ist offener, reicher an Möglichkeiten, aber auch unübersichtlicher. Selbst der entlegenste Ort scheint nur noch einen Mausklick entfernt. Kaliforniens Küste oder New Yorks Skyline sind nicht mehr das alleinige Traumziel von deutschen Austauschschülern und Backpackern, sondern genauso China, Thailand oder Peru. Sich in dieser Welt als junger

Mensch zu orientieren ist bestimmt nicht einfacher geworden. Wenn ich meiner Tochter dann die alten Geschichten von John Kerry oder mir erzähle, dann zuckt sie mit den Schultern und guckt auf ihr Smartphone. Die alten Gewissheiten treiben diese Generation nicht mehr um, zum Glück!, sondern neue Fragen: Klimawandel und Umweltverschmutzung, die Konflikte und Kriege von heute, besonders im Mittleren Osten, die globale Ungleichheit, die Zukunft des Internets. Ob die transatlantischen Beziehungen für die Generation meiner Tochter noch den gleichen Stellenwert haben werden, das wird sich nicht im Rückblick auf vergangene Zeiten entscheiden, sondern daran, ob wir der jungen Generation glaubhaft machen können, dass das starke Band, das uns bis heute mit den USA verbindet, auch eine Versicherung für deren Zukunft ist.

Jede Generation muss den Wert dieser Partnerschaft auf eigene Faust entdecken. Das galt auch für mich selbst. Meine ersten Erkundungen in den USA verdanke ich meiner heutigen Ehefrau. Nicht ich, sondern sie war es, die als Erste von uns beiden im Auswärtigen Amt gearbeitet hat, nämlich als Referendarin bei der deutschen Botschaft in Washington. 1993 war das, eine Ewigkeit her, wir waren noch nicht verheiratet und gerade zwei Jahre zuvor nach Hannover gezogen. Ich war inzwischen Büroleiter von Gerhard Schröder in der niedersächsischen Staatskanzlei, nahm drei Wochen Urlaub, um mir nach den schwärmerischen Berichten meiner Frau aus Washington das politische Amerika aus der Nähe anzusehen. Meine Frau hatte als Referendarin die Aufgabe, die Gesundheitsreform der neuen Regierung mitzuverfolgen, und erzählte begeistert von der jungen First Lady, die diese Reform mutig anführte. Sie hieß Hillary Clinton, und ich sollte sie erst viele Jahre später als meine Außenministerkollegin kennenlernen. So kam ich zum ersten Mal in die USA, nach Washington – und ich war fasziniert! In welcher anderen Stadt der Welt wird in wirklich jeder Bar, zu jeder Tages- und Nachtzeit, über jedem Drink die ganz große Weltpolitik diskutiert? Bis heute schätze ich die Debatten in Washington – und die Bars! Aber die *Countryside* nicht minder: Mit dem Auto fuhren wir durch Virginia und North Carolina in die Blue Ridge Mountains, durch Maryland und Delaware nach Pennsylvania. Wir besuchten die Liberty Bell in Philadelphia und Thomas Jeffersons Farm Monticello in Charlottesville. Ein freundlicher Museumsführer testete unsere Geschichtskenntnisse, bevor wir in die beeindruckenden Biographien von Jefferson und seinen Mitstreitern eingeweiht wurden. Man kommt sich klein vor im Angesicht solcher Lebensläufe: junge Männer, kaum dreißig, mit hohen Idealen, festen Zielen, Mut und vielen Talenten. Jefferson etwa, der nicht nur die Unabhängigkeitserklärung verfasste und Präsident wurde, sondern fleißig sein Gemüse züchtete und nebenbei noch eine große Universität entwarf und erbaute. Bis heute richten sich die Amerikaner auch in Krisenzeiten an solchen Biographien auf.

Inzwischen bin ich unzählige Male dort gewesen, aus manchen Begegnungen sind Freundschaften geworden. Dennoch erinnere ich mich daran: Vor dieser ersten USA-Reise gehörte ich noch nicht zu den amerikabegeisterten Menschen. Aber die Offenheit und der Optimismus der Menschen, denen wir auf dem Roadtrip begegnet sind, waren frappierend. Die Leute waren unverstellt neugierig auf uns Deutsche. Sie wollten wissen, woher wir kamen und wie wir über bestimmte Dinge dachten. Neugierde auf die Welt hat die Amerikaner auch in meinen späteren Erfahrungen immer ausgezeichnet, und ich hoffe, dass sie das jetzt in diesen schwierigen Zeiten nicht verlieren. Genauso wünsche ich mir das natürlich für unser eigenes Land, gerade jetzt, wo die Erwartungen der Welt an uns wachsen.

In unsere ersten rot-grünen Jahre in Berlin fällt der Schicksalstag, 11. September 2001. Wohl jedem war an jenem Tag bewusst, dass diese Katastrophe einen tiefen Einschnitt im Lauf der Welt bedeuten würde, auch deshalb kann sich wahrscheinlich jeder daran erinnern, was er gerade gemacht hat, als ihn die Bilder der Twin Towers erreichten. Ich weiß es noch genau: Ich war seit gut zwei Jahren Kanzleramtschef, der Sommerurlaub mit meiner Familie im Elsass ging gerade zu Ende. Auf dem Rückweg nach Berlin wollten wir für zwei Tage bei Freunden in Süddeutschland vorbeischauen. Im Auto, mitten in Stuttgart, erreichte mich der Anruf meines Büroleiters. »Du, ich sitze vor dem Fernseher: Ein Passagierflugzeug ist gerade ins World Trade Center geflogen – es ist auf allen Kanälen zu sehen!« Und während wir – ich saß noch am Steuer – die ersten Sätze austauschten über das Wie und Warum, rief er dazwischen: »Halt mal! Jetzt ist ein zweites Flugzeug reingekracht!«

Mehr Erklärung war nicht nötig: Das konnte weder Zufall noch Unfall sein. An den Besuch war nicht mehr zu denken, jetzt war anderes angesagt: schnellstens zu telefonieren, Informationen einzuholen, abzustimmen, wer was zu tun, wer sich öffentlich zu äußern hatte, in welcher Tonlage. Auf der Suche nach einem günstigen Ort zum Telefonieren fiel mein Blick auf ein Parkhaus. Noch im Schock steuerte ich auf die Einfahrt zu, den Kopf voller Gedanken an alles, was jetzt zu erledigen war. Ein Gedanke fehlte: der an die Fahrräder auf dem Dachgepäckträger. An die erinnerte mich erst ein Krachen nach der Einfahrtsschranke.

In Berlin hatte sich inzwischen ein Hubschrauber in Bewegung gesetzt, der mich früh am Morgen ins Kanzleramt zurückbrachte, es folgten Sitzungen mit meinen Mitarbeitern, den Nachrichtendiensten, dem Bundeskanzler. Mittags trat ich vor die Presse und erläuterte, was wir bis dahin an Details wussten, auch, dass wir in den Anschlägen die Handschrift von Al-Qaida und Osama bin Laden lasen.

Die nächsten Wochen waren geprägt von täglichen Besprechungen mit dem Bundesnachrichtendienst, dem Justiz- und

Innenministerium, dem Bundeskriminalamt. Detail um Detail wurde zusammengetragen, die Gefährdungslage in Deutschland beraten. Unsere Verantwortung war uns bewusst; hatten doch, so brachten die Ermittlungen ans Licht, die Terroristen ihre grausamen Taten, die 3000 Menschen in den Tod rissen, von deutschem Boden aus geplant und vorbereitet.

Die Welt, und mit ihr die Außenpolitik, hat sich nach dem 11. September verändert. Unsere Beziehungen zu den USA sind durch manche schicksalhaften Momente gegangen: unsere Beteiligung am Kampf gegen die Urheber des Terrors in Afghanistan, unser Nein zur Invasion im Irak. Diese Entscheidungen haben unsere Beziehungen nachhaltig verändert. Heute aber sind wir an einen Punkt gelangt, an dem ich sagen würde: So eng und konstruktiv waren die Beziehungen auf außenpolitischer Ebene lange nicht, vielleicht noch nie. In ihrer grundsätzlichen Haltung ist uns die US-Administration von Präsident Obama viel näher als die seines Vorgängers und vieler anderer Vorgänger: das Primat der Diplomatie, eine größere Skepsis gegenüber militärischem Engagement, die Beharrlichkeit, die man für nachhaltige Lösungen in Konflikten braucht, das Bemühen um multilaterale Einbindung, das Vermeiden allzu kategorischer Freund-Feind-Politik. Diese konstruktive Arbeitsbeziehung spiegelt sich auf persönlicher Ebene in der Freundschaft, die zu meinem Kollegen John Kerry entstanden ist. Ich habe ihn im Laufe der Jahre mehrfach in Washington besucht, und mit jeder Begegnung wurde unsere Beziehung ungezwungener. Beim letzten Besuch im State Department – man muss dazu wissen, dass solche Gespräche recht formell und bis ins kleinste Detail protokollarisch durchgeplant sind – hatte Kerry seinen Hund dabei. Ein freundlicher, schlabbriger Labrador, der uns zwischen den Beinen herumwuselte. Wir sind nach dem offiziellen Gespräch zu Kerrys Lieblingsitaliener gefahren, das Lokal war abgeschirmt, viele Sicherheitsleute, alles hoch offiziell, Presse wartete vor der Tür. Als wir ankamen, sprang als Erstes dieser Hund aus dem Auto, der die ganze Zeit zwischen uns gesessen und mit dem Schwanz gewedelt hatte.

Auch die Praxis des Geschenkeaustauschs ist persönlicher geworden. Es ist eine alte Tradition der Diplomatie: Der Gast jedes offiziellen bilateralen Besuches bringt ein kleines Geschenk, eine Aufmerksamkeit mit. Eigentlich ist das eine recht formelle Sache, und man kann sich vorstellen, dass das bei den unzähligen Reisen und Besuchen im Auswärtigen Amt ziemlich routiniert abläuft. Aber mit Kerry habe ich über die Jahre ein bisschen persönlichen Spaß an dieser Praxis entwickelt. Als er mir einmal von seiner Liebe zu den *Outdoors* erzählte, habe ich ihm beim darauffolgenden Besuch ein Schweizer Taschenmesser mitgebracht. Auf dem Weg nach Washington haben wir ihm im Flugzeug zwei beziehungsreiche Anhängeschilder dafür gebastelt. An der einen Seite des Taschenmessers, der großen scharfen Schneide, stand *Hard Power*. An der anderen, dem Korkenzieher, stand *Soft Power*. Kerry hat herzlich gelacht und sagte: »Der Anwendung der *Soft Power* werden wir uns gemeinsam widmen.«

Zu meinem Geburtstag Anfang 2016 hat er mich im Gegenzug mit einer wunderbaren alten Schallplatte von Herbie Hancock überrascht. Ich hatte ihm einmal von meiner Jazz-Vorliebe erzählt. Die LP steckte in einem edlen Lederetui mit Staatssiegel – die Amerikaner sind ja ziemlich gut in Sachen Pomp. Als ich sie aus dem Etui zog, sah ich, dass Kerry extra bei Herbie Hancock vorbeigefahren war und dieser eine lange persönliche Widmung auf die Innenhülle der Platte geschrieben hatte. Ich war wirklich baff.

Die Zeit der Obama-Administration ist nun zu Ende. Bei einem meiner letzten bilateralen Besuche, im Frühjahr 2016, steckte Washington schon mitten im Wahlkampf. Meine Reise fiel genau auf den *Super Tuesday*, an dem in zwölf Bundesstaaten gleichzeitig Vorwahlen stattfanden. Für meine Rede entschied ich mich, das Vorwahl-Scharmützel möglichst außen vor zu lassen und mit denjenigen ins Gespräch zu kommen, von denen, ganz unabhängig von Regierungen, die Zukunft der transatlantischen Beziehungen abhängt: den jungen Leuten. An der George-Washington-Universität sagten mir die amerikanischen Studierenden etwas ganz Ähnliches, was ich von meiner Tochter und jungen Leuten bei uns höre: »Wir wissen, wie viel diese Beziehung historisch bedeutet. Aber uns interessieren die Probleme von heute.« Ich glaube, sie haben recht: Der Wert der transatlantischen Partnerschaft fällt nicht vom Himmel. Wofür die neue Generation die Kraft dieser Partnerschaft eines Tages nutzen wird, liegt in ihrer Verantwortung. Aber eine Hoffnung bleibt über die Generationen erhalten, und die klingt an in dem Satz jenes Präsidenten, JFK, der die Menschen auf beiden Seiten des Atlantiks inspiriert hat. Bei seinem Amtsantritt rief er: »*United, there is little we cannot do.*«

Im Fenway Park, Boston, April 2008

Mit John Kerry und Ben, Washington, März 2016

Gastgeschenk, Washington, März 2016

TIMES OF CRISIS – WHY TRANSATLANTIC PARTNERSHIP MATTERS*

1. März 2016
George-Washington-Universität, Washington, D. C.

Ich bin mir sehr wohl bewusst, dass heute nur wenige Menschen in Washington über den Atlantik blicken. Die meisten schauen genau in die andere Richtung: nach Alabama und Arkansas, nach Tennessee und Texas. In Deutschland gibt es keinen *Super Tuesday*. Wir haben so einiges aus den USA importiert, das mit »Super« beginnt: Supermärkte, Superman und – unerlässlich für heiße Sommertage – die »Super Soaker«-Spritzpistole … Aber unsere Dienstage sind nicht super, sondern stinknormale Dienstage.

Das Thema, über das ich heute sprechen werde, sieht in keinerlei Hinsicht »super« aus: Außenpolitik. Syrien, Irak, Libyen, Ukraine, fragile oder zerbrechende Staaten, das Krebsgeschwür des Terrorismus, der sogenannte »Islamische Staat«. Keine dieser Krisen ist weit weg – so sehr wir uns das manchmal wünschen mögen. Keine dieser Krisen ist nur ein schreckliches Bild in den Fernsehnachrichten.

Bei uns in Deutschland sind diese Krisen mitten in unserer Gesellschaft angekommen: in unseren Stadtvierteln, unseren Schulen, unseren Turnhallen. Allein 2015 sind über eine Mil-

* Rede im Original auf Englisch gehalten, hier in deutscher Übersetzung wiedergegeben

lion Menschen aus Konfliktregionen nach Deutschland geflüchtet, die Hälfte von ihnen aus Syrien. Über eine Million in ein Land mit rund achtzig Millionen Einwohnern. Laut den Vereinten Nationen sind derzeit weltweit mehr Menschen auf der Flucht als je zuvor seit dem Zweiten Weltkrieg, der großen Katastrophe des 20. Jahrhunderts. Wie reagieren wir darauf? Was macht das mit uns?

Ich habe meine Rede nicht nur mit dem *Super Tuesday* begonnen, um einen Scherz zu machen. Ich habe mit dem *Super Tuesday* begonnen, weil man, wenn man heute über Außenpolitik sprechen will, zuerst auf die Innenpolitik schauen muss. Außenpolitik in unseren westlichen Demokratien ist auf gesellschaftliche Unterstützung angewiesen, auf einen breiten, parteiübergreifenden Konsens und einen hohen Grad an Kontinuität.

Ich mache mir da Sorgen. In Deutschland und in Europa gibt es eine neue, gefährliche Dynamik – und ehrlich gesagt, ich spüre sie während der Vorwahlkampagnen hier in den Vereinigten Staaten: Es ist die Politik der Angst!

Verstehen Sie mich nicht falsch: Angst ist ein wichtiger menschlicher Reflex. Die heutigen Krisen sind ja in der Tat gefährlich. Angst ist ein wichtiger Indikator. Aber Angst ist ein sehr schlechter Ratgeber. In der Politik genauso wie in anderen Bereichen des Lebens.

»Das Einzige, was wir zu fürchten haben, ist die Furcht selbst.« Dieses Zitat haben Sie alle tausend Mal gehört. Deshalb will ich auch nicht diesen Satz zitieren, sondern den Satz, der darauf folgt. Da sagt Roosevelt, dass die Angst »die Energie lähmt, die wir brauchen, um den Rückzug in einen Vormarsch umzuwandeln«. Das ist das Entscheidende: Wir müssen vorangehen, statt uns zurückzuziehen! Wir müssen rausgehen und uns engagieren, wir müssen an die Wurzeln der Konflikte ran, und wir müssen es gemeinsam tun, als Verbündete und als Partner, besonders über den Atlantik hinweg.

Die Politiker der Angst tun genau das Gegenteil – in Europa genau wie hier in Amerika. Sie rufen nach Rückzug. Sie tun so, als könnten wir uns abschotten und die Welt draußen lassen, damit sie mit ihren Problemen allein fertig wird. Aber das ist falsch. Die Welt, in der wir leben, ist viel zu eng vernetzt, und das ist auch gut so! Mein Land, Deutschland, hat wie kein anderes Land von Offenheit profitiert: von offenen Grenzen, offenen Märkten und der Freizügigkeit innerhalb Europas. Das Schlimmste, was wir tun könnten, wäre, uns abzuschotten. Das gilt genauso für die USA, die weltweit führende Nation im Handel, in der Kommunikation und Innovation. Mauern bauen ist eine dumme Idee – egal, wer für die Mauern zahlt … Wir müssen uns hüten vor dieser Politik der Angst! Sie ist gefährlich, für Europa und für die USA und letztendlich auch für unsere transatlantischen Beziehungen.

Doch was ist die Alternative? Man könnte sagen, die Politik der Hoffnung. Aber Hoffnung bringt einen in der Außenpolitik meistens nicht sehr weit. Was man in der Außenpolitik vor allem braucht, ist Beharrlichkeit. Beharrlichkeit selbst in hoffnungslosen Situationen. Beharrlichkeit, weil es für keine dieser Krisen schnelle und einfache Lösungen gibt.

Ich will ein Beispiel nennen: Letzten Sommer haben wir eine Einigung mit dem Iran erzielt. Das Abkommen war ein Durchbruch, nicht nur, weil es sicherstellt, dass der Iran nicht in den Besitz von Atomwaffen gelangt, sondern auch, weil es dem Iran ermöglicht, einen neuen Weg einzuschlagen, einen Weg hin zu mehr Offenheit und einer verantwortungsvolleren Rolle für die Sicherheit im Mittleren Osten. Einige in den USA haben das Abkommen kritisiert. Ich gebe zu, es ist nicht perfekt. Es ist nicht die best*denkbare* Lösung, aber es ist die best*mögliche* Lösung. Zwölf Jahre haben die Verhandlungen gedauert! Stellen Sie sich das mal an Ihrer Universität vor: Sie haben sich für ein wirklich schwieriges Seminar eingeschrieben, ein Seminar von Außenpolitik bis Kernphysik. Und dann kommen Sie zur ersten Stunde in den Seminarraum und stellen fest, dass in diesem Kurs die anstrengendsten Kommilitonen der ganzen Universität sitzen! Kommilitonen, die so kompliziert und gegensätzlich sind wie Russland und Europa, die USA, China und Iran – auf einmal sitzen die alle im selben Seminarraum. Und jetzt stellen Sie sich vor, dass dieses Seminar zwölf Jahre dauert! Genau so war das mit den Iran-Verhandlungen … Das zeigt doch, dass beharrliche Diplomatie sogar die tiefsten Gräben zu überwinden vermag!

Oder nehmen wir ein weiteres Beispiel von Beharrlichkeit. Während des gesamten Kalten Krieges, als sich der Eiserne Vorhang quer durch mein Land zog, standen die Vereinigten Staaten in Westdeutschland Wache. Denken Sie an Ihre Großväter, die damals als Soldaten dienten. Stellen Sie sich vor, Ihre Großväter hätten 1955 auf die Uhr geschaut und gesagt: »Oh wow, das dauert jetzt schon zehn Jahre … Jetzt reicht's aber! Wir packen und ziehen ab!« Keiner wusste damals, weder in den Sechzigern noch in den Siebzigern noch in den Achtzigern, dass das alles 1990 vorbei sein würde. Und trotzdem sind Ihre Großväter und Väter geblieben! 45 Jahre lang. Und wenn sie nicht geblieben wären, dann würde ich heute nicht in einem wiedervereinten, freien und starken Deutschland leben. Das ist der Lohn der Beharrlichkeit!

Nach 1990, nach dem Ende des Kalten Krieges, hofften viele von uns, dass die Dinge nun einfacher werden würden. Schließlich hatten die westlichen, liberalen Demokratien ihre Überlegenheit ein für alle Mal bewiesen. Irgendwie hofften wir, dass es uns die Geschichte nicht noch einmal so schwermachen würde.

Welch eine naive Hoffnung! Natürlich macht es uns die Geschichte noch immer schwer. Heute konfrontiert sie uns mit neuen Arten von Konflikten – nicht mehr nur Konflikte zwischen Staaten, sondern zunehmend zwischen staatlichen und nichtstaatlichen Akteuren. Konflikte, die von vielen Schichten aus gegensätzlichen Interessen und Ambitionen rivalisierender Nachbarn überlagert sind. Konflikte, die Staatsordnungen und die internationale Ordnung an den Rand des Zusammenbruchs bringen. All das geschieht derzeit in dem schrecklichen Leiden in Syrien. Auch hier können wir nicht einfach darauf hoffen, dass diese Krisen vorübergehen. Ich fürchte, der Krisenzustand wird selbst bei größten Anstrengungen nicht schnell zu überwinden sein. Normalerweise verwenden wir das Wort »Krise« ja, um einen Ausnahmezustand zu beschreiben. Doch zunehmend habe ich das Gefühl, dass Krise der neue Normalzustand wird. Zumindest in der Außenpolitik – hoffentlich nicht daheim.

Mein Freund John Kerry sagte vor zwei Wochen in München: »Dieser Moment in der Geschichte ist nicht so überwältigend, wie manch einer glauben mag. Wir wissen, was zu tun ist – und noch wichtiger: Wir haben die Kraft, es zu tun.« So düster meine Analyse bislang klingt: Ich bin bei John! Wir haben allen Grund zur Zuversicht. Diese Zuversicht ist nicht aus der Luft gegriffen. Wir können zuversichtlich sein, weil wir in der Vergangenheit schon größere Herausforderungen gemeistert haben! Und noch wichtiger: Weil wir aus ihnen gelernt haben!

Deshalb habe ich in München gesagt: Jetzt, da uns die Geschichte neue Krisen und Konflikte entgegenschleudert, sollten wir nicht die Fehler und die Leiden der Vergangenheit erneut durchleben! Die Welt hat sich weiterentwickelt – zum Guten und zum Schlechten. Aber auch wir haben uns weiterentwickelt! Wir haben aus der Vergangenheit gelernt und wertvolle Institutionen und Instrumente entwickelt.

Ein paar Beispiele: Nach Jahrhunderten von Kriegen hat Europa die Europäische Union geschaffen, um in Frieden zusammenzuleben und zusammenzuwachsen. Heute, wo all die Krisen von Euro über Brexit bis zur Flüchtlingskrise Europa unter Druck setzen, wollen wir da diese Errungenschaft wirklich vergessen? Wollen wir wirklich riskieren, in eine schmerzvolle Vergangenheit zurückzufallen? Ich hoffe nicht!

Ein zweites Beispiel. Nach zwei Weltkriegen hat die Weltgemeinschaft Regeln und Institutionen geschaffen, um Frieden und Sicherheit für alle Menschen zu schützen: die Vereinten Nationen und die Allgemeine Erklärung der Menschenrechte. Das war vor siebzig Jahren. Aber erst vor wenigen Wochen hat die Welt bewiesen, dass sie noch heute weiß, wie diese Institutionen zu nutzen sind. 190 Staaten unterzeichneten in Paris ein Übereinkommen zur Bekämpfung der weitreichendsten aller Krisen, denen wir gegenüberstehen: dem Klimawandel.

Drittens: Nach Jahrhunderten der Machtpolitik schuf der Westen ein Bündnis, das die alte Logik vom »Recht des Stärkeren« überwindet. Die NATO schützt die territoriale Unversehrtheit aller ihrer Mitgliedstaaten, egal, ob groß oder klein. Oder wie die drei Musketiere sagen würden: einer für alle, alle für einen. In einer Zeit, in der einige Staaten in eine Machtpolitik des 19. Jahrhunderts zurückfallen, müssen wir für die Vision der NATO eintreten. Auf dem Gipfel in Warschau werden wir unsere Vision und unsere Geschlossenheit bekräftigen. Wir sind entschlossen, einander gegen jegliche Aggression von außen zu verteidigen, aber wir sind zugleich bereit zum Dialog mit unseren Nachbarn, um Konflikte zu überwinden und Vertrauen neu aufzubauen.

Ein viertes Beispiel: Ein leidvoller Bürgerkrieg, der dieses Land beinahe auseinanderriss, war notwendig, damit die USA die Bedeutung der nationalen Einheit erkannten. Die Amerikaner lernten unter großen Opfern, dass *»a house divided«*, ein gespaltenes Haus, keinen Bestand haben kann. Heute, 150 Jahre nach dem Ende des Bürgerkriegs, sollten wir diese Lehre auf die aktuellen Konflikte übertragen. Nationalstaaten sind unter Druck. Fragile und scheiternde Staaten stellen in unserer Zeit ein größeres Risiko dar als Konflikte zwischen Staaten. Das gilt im Mittleren Osten genauso wie in Nordafrika. Ich glaube nicht, dass irgendein Konflikt, auch nicht der in Syrien, leichter zu lösen wäre, indem wir einfach Landkarten neu zeichnen und Staatsgrenzen verändern. Mein Land, Deutschland, steckt deshalb erhebliche Mittel und viel Energie in die Stabilisierung fragiler Staaten, von Mali bis Irak.

Mein letztes Beispiel reicht zurück in die Zeit des Kalten Krieges. Meine Uni lag damals nur einige Dutzend Kilometer vom Eisernen Vorhang entfernt, diesem Graben, der mein Land teilte und die ganze Welt. Ich erinnere mich an diese schmerzvolle Teilung, und deshalb sage ich heute: Wir sind nicht zurück im Kalten Krieg, und wir sollten auch nicht so reden als ob! Stattdessen sollten wir auf das schauen, was wir gelernt haben! Wir haben eine Institution, die Organisation für Sicherheit und Zusammenarbeit in Europa, kurz OSZE, die damals, im Kalten Krieg, entstand und die dabei half, den Kalten Krieg zu überwinden. Und jetzt kann sie uns dabei helfen, die Konflikte von heute zu bewältigen. Nehmen wir zum Beispiel den Konflikt in der Ukraine: Ohne die mutigen Frauen und Männer der OSZE-Beobachtungsmission wäre es uns nicht gelungen, die Minsker Vereinbarungen zu schließen. Und auch wenn das Minsker Abkommen keine perfekte Lösung ist und beide Seiten noch viel zu tun haben, um es umzusetzen, so ständen wir ohne dieses Abkommen – da bin ich mir sicher – sehr viel schlechter da.

Weil wir an die Bedeutung der OSZE in diesen Krisenzeiten glauben, hat Deutschland 2016 den Vorsitz der OSZE übernommen. Zu diesem Vorsitz zählt auch, den Dialog mit Russland fortzuführen. Weil Russland nun einmal eine Realität ist, die wir nicht ignorieren können. Russland hat Einfluss – ob im Guten oder im Schlechten. Russland hat Einfluss – im Mittleren Osten, in Syrien, in Europa und darüber hinaus. Wenn wir Lösungen wollen, müssen wir mit Russland umgehen, auch wenn es schwerfällt. Und, ja, derzeit fällt es absolut schwer.

Ich merke schon, meine Rede ist beinahe zu einer Geschichtsvorlesung geworden. Aber das liegt nicht daran, dass ich weiße Haare und eine Brille habe. Sondern ich rede über Geschichte, weil ich glaube, dass die Lehren, die unsere Vorfahren aus der Geschichte gezogen haben, auch für uns heute wichtig sind. Wegen dieser Geschichte haben unsere Vorfahren Instrumente und Institutionen geschaffen, und die haben wir jetzt zur Verfügung, um unsere Herausforderungen zu bewältigen. Das ist der Grund für meine Zuversicht.

Was setze ich also der Politik der Angst entgegen? Beharrlichkeit, Zuversicht und drittens: Zusammenarbeit. Die USA können die Probleme der Welt nicht allein lösen, und die Welt kann es nicht ohne die USA. Wir müssen zusammenarbeiten, und wir arbeiten seit sieben Jahrzehnten zusammen. Darüber haben wir das stärkste Bündnis aufgebaut, das unsere Länder jemals hatten: das transatlantische Bündnis. Es ist stark im Bereich der Sicherheit, stark in der Wirtschaft – 2015 wurden die USA zum größten Handelspartner Deutschlands – und es ist stark in der Kultur. Hollywood liebt Berlin. Glauben Sie der fünften Staffel einer gewissen Serie, dann ist Berlin sogar schon Teil des *Homeland* …

Kommen wir zurück zur Wirklichkeit: Das transatlantische Bündnis ist auch stark, wenn es um die tägliche Zusammenarbeit zwischen unseren Regierungen geht. Ich kann mich nicht erinnern, dass unsere Regierungen sich sowohl in Bezug auf unsere außenpolitischen Grundideen als auch in der täglichen Zusammenarbeit jemals näher gestanden hätten. Das können wir in diesen turbulenten Zeiten gar nicht hoch genug schätzen!

Wie eng unsere Zusammenarbeit ist, zeigt sich manchmal auf unerwartete Art und Weise. Vor zwei Wochen, nach einem langen Tag auf der Münchner Sicherheitskonferenz, voller Diskussionen und Reden, bilateralen und multilateralen Treffen, da verlegten John Kerry und ich unseren für den späten Abend angesetzten Gesprächstermin spontan in die Paulaner-

Brauerei ... Nach einer Weile kamen unsere Mitarbeiter hinzu, und die sind sogar noch länger geblieben. Am nächsten Morgen sahen sie dann natürlich nicht besonders frisch aus. Aber zur Verteidigung sagten sie zu uns: »Präsident Kennedy hat gesagt: ›Gemeinsam können wir *alles* erreichen.‹ Gestern Abend wollten wir das mal auf die Probe stellen.«

Wenn ich sage, dass wir zusammenarbeiten müssen, um die aktuellen Krisen zu lösen, dann meine ich auch andere Partner. Die Vereinigten Staaten und Europa können die Verantwortung für Frieden und Sicherheit nicht allein schultern. Jede starke Nation trägt einen Teil dieser Verantwortung. Nehmen wir noch einmal das Beispiel Syrien. Wenn die Menschen über diesen Konflikt reden, dann reden sie nicht nur über Syrien. Sie reden über Iran und Saudi-Arabien, über die Türkei und Russland. Sie reden über ihre nationalen Interessen und Ambitionen, über Rivalitäten und Ängste. All diese Faktoren sind real, und sie sind relevant. Aber die wahre Kraft von Staaten sollten wir nicht an diesen Dingen messen, sondern daran, ob sie bereit und in der Lage sind, Verantwortung nicht nur für die eigene Sicherheit zu übernehmen, sondern Verantwortung auch jenseits der eigenen Grenzen. Mit der »International Syria Support Group« haben wir ein Gremium, in dem alle relevanten Nationen an einem Tisch sitzen, auch die gerade genannten. Vor zwei Wochen haben alle Mitglieder dieser Gruppe ihr Bekenntnis zu einer gemeinsamen Verantwortung in Syrien erneuert. Die Münchner Verpflichtungen sind eindeutig – eindeutig in Bezug auf den Zugang für humanitäre Hilfe, eindeutig in Bezug auf die Waffenruhe und eindeutig in Bezug auf die politische, humanitäre und militärische Koordinierung. Ich finde: An der Umsetzung dieser Verpflichtungen müssen wir einander jetzt messen! Jede Stunde, in der die Waffenruhe hält, zählt – vor allem für die notleidende Bevölkerung in Syrien.

Beharrlichkeit, Zuversicht, Zusammenarbeit und Verantwortung. Es ist eine lange Liste. Und während wir uns an alldem versuchen, dürfen wir uns nicht vom Ausmaß der Krisen überwältigen lassen. Lasst uns einen Schritt nach dem andern machen! Lasst uns pragmatisch sein! Für mich heißt Pragmatismus auch, dass wir nicht all unser politisches Handeln moralisch überziehen und überzeichnen. Nehmen wir die deutsche Flüchtlingspolitik. Unsere Flüchtlingspolitik ist weder Deutschlands moralische Vervollkommnung noch ist sie Deutschlands Ruin. Sondern: Verfolgten Schutz zu bieten ist schlichtweg eine humanitäre Pflicht. Nicht mehr und nicht weniger. Diese humanitäre Pflicht steht übrigens nicht nur im deutschen Grundgesetz, sondern auch in den Europäischen Verträgen und in der Genfer Flüchtlingskonvention, die neben Deutschland 146 weitere Staaten unterzeichnet haben. Ich weiß, dass das hier in den USA ein kontroverses Thema ist. Doch die Vereinigten Staaten sind überall auf der Welt als Schmelztiegel bekannt, als eine Nation, die Einwanderer willkommen heißt und denen Schutz gewährt, die ihn benötigen. Ich hoffe also, dass wir pragmatisch zusammenarbeiten werden, um Flucht und Migration von heute zu bewältigen. Natürlich müssen wir die Zahl der Flüchtlinge reduzieren. Die Deeskalation im Syrienkrieg und die Stabilisierung dieser Konfliktregion sind entscheidend, wenn wir die Wurzel der Vertreibung angehen wollen.

Wer jetzt denkt: Sein Pragmatismus ist ja *so* typisch deutsch, dann ist das nicht ganz richtig. Die Gründerväter der *Great Nation* waren nicht nur starke Führungspersönlichkeiten und visionäre Staatsmänner, sondern auch ziemlich pragmatische und praktische Menschen. George Washington gewann nicht nur den Amerikanischen Unabhängigkeitskrieg und wurde der erste Präsident, sondern war Landwirt und erfand den siebenjährigen Fruchtwechsel. Thomas Jefferson schrieb nicht nur die Unabhängigkeitserklärung und erreichte die Trennung von Kirche und Staat, sondern kümmerte sich jeden Morgen nach dem Aufstehen um seine 250 Gemüsesorten und notierte jedes Detail in seinen Notizbüchern. Ich hingegen weiß gerade mal, wie man ein Spiegelei brät … Aber darum geht's jetzt nicht. Worum es mir geht, ist: Wir müssen pragmatisch sein, dann brauchen wir uns nicht in eine Politik der Angst zurückzuziehen.

Wir haben allen Grund zur Zuversicht, dass wir diese Welt zum Besseren verändern können. In Zeiten von Krisen wissen wir, dass jeder praktische Schritt zählt. Sogar wenn auf zwei Schritte vorwärts auch wieder einer zurück folgt. In Zeiten der Ungewissheit wissen wir, dass wir auf die Institutionen bauen können, die uns unsere Vorfahren hinterlassen haben. In Zeiten einer sich wandelnden globalen Ordnung wissen wir, dass wir die *neue* Ordnung gestalten können, genau wie diese Gründerväter es einst taten. Und in Zeiten neuer globaler Akteure wissen wir, dass wir dieses transatlantische Bündnis vertiefen sollten, denn es ist ein Bündnis der Zuversicht.

NICHT OHNE RUSSLAND, MANCHMAL SOGAR MIT

Veteranen in Wolgograd –
Türsteher in Jekaterinburg –
Gespräche im Kreml

Der 7. Mai 2015 war im Südwesten Russlands ein kühler und windiger Tag. Als unser Flugzeug im Landeanflug durch die Wolkendecke bricht, sehen wir unter uns ausgebreitet das blaue, schier endlose Band der Wolga. Bis zu zehn Kilometern breit ist sie hier, wirkt von oben mehr wie ein riesiger See denn wie ein Fluss. Die Stadt Wolgograd, unser Besuchsziel, erstreckt sich auf über 60 Kilometern Länge an ihrem Westufer. Jenseits der Stadt, so weit das Auge reicht, liegen Felder und Ackerflächen aus dunkler, nährreicher Erde. Diesem mächtigen Fluss, dem längsten unseres Kontinents, galt die verhängnisvolle Offensive der 6. Armee der Wehrmacht, die im Spätsommer 1942 begann. Die Stadt an der Wolga sollte erobert und damit der wichtigste Verkehrsweg vom Persischen Korridor und Kaspischen Meer nach Zentralrussland abgeschnitten werden. Doch die vollständige Einnahme der Stadt misslang. Über Monate tobte eine der verlustreichsten und grausamsten Schlachten des Zweiten Weltkriegs, die zugleich den Wendepunkt im Angriffskrieg Nazi-Deutschlands gegen die Sowjetunion markierte: die Kesselschlacht von Stalingrad. Bis heute kennt man die genaue Zahl der Todesopfer nicht, über 700 000 müssen es gewesen sein, die meisten von ihnen Soldaten der Roten Armee. Als im Februar 1943 die letzten deutschen Soldaten ihre Gegenwehr einstellten, war die große Industriestadt dem Erdboden gleich. In der einstigen Metropole hatten nur 1500 Menschen überlebt.

Kaum ein Tag der letzten Jahre hat sich mir – trotz aller aktuellen Krisen und Konflikte – so sehr ins Gedächtnis gebrannt wie der Besuch in der Kriegswüste von Stalingrad. Am Flughafen empfängt mich mein russischer Amtskollege Sergej

Lawrow. Gemeinsam fahren wir hinaus auf die ehemaligen Schlachtfelder vor den Toren der Stadt. Die Landschaft hier draußen ist öde. Zwei Friedhöfe liegen einander gegenüber, von einer schnurgeraden Straße getrennt, ein russischer und ein deutscher. Das Bauerndorf Rossoschka, das einst an dieser Stelle stand, wurde vollständig zerstört, keine Spur ist erhalten. Nun sind hier Kriegsgräber, manche mit Namen, die meisten namenlos, graue Granitwürfel bis an den grauen Horizont. Genau siebzig Jahre nach Kriegsende legen wir gemeinsam Kränze an den Gräbern nieder. Es ist still hier, und die Stille, die von den Granitreihen ausgeht, ist schwer zu ertragen. Sie ist keine Totenstille, sondern laute Anklage und Mahnung zugleich.

Es ist schon später Nachmittag, als wir, beide noch unter dem Eindruck des Ortes, schweigend in die Stadt hineinfahren, die heute Wolgograd heißt. Vielleicht habe ich eine Stadt im Trauerkleid erwartet, grau in grau, aber das Bild ist ein gänzlich anderes: Der ehemalige Marktplatz, heute »Platz der gefallenen Kämpfer«, ist prächtig geschmückt, russische und deutsche Fahnen wehen, riesige Tribünen sind aufgebaut worden. Orchestermusiker aus Wolgograd und Osnabrück haben gemeinsam ein Friedenskonzert einstudiert, sie werden am Abend die große Siebte Symphonie von Schostakowitsch aufführen, die sogenannte »Leningrader«, ein klingendes Antikriegs-Manifest. Als unsere Wagenkolonne am Hotel Wolgograd am Rande des Platzes eintrifft, sind die Tribünen bereits voll besetzt. Zu Fuß gehen wir vom Hotel in Richtung Bühne und während wir uns nähern, frage ich mich ziemlich beklommen: Wie werden die Bürger von Wolgograd wohl auf den politischen Gast aus Deutschland reagieren? Tausende Menschen schauen uns entgegen, viele von ihnen Veteranen, die die Hölle von Stalingrad überlebt haben. Ich sehe sie noch vor mir: ihre alten, vom Leben gezeichneten Gesichter und die stolze, geradezu anmutige Haltung, mit der sie ihre Uniformen tragen. Die Veteranen in der ersten Reihe führen feierlich die Hand zur Mütze. Sie salutieren dem deutschen Außenminister. Sie begrüßen mich, den Vertreter des Volkes, das so viel Leid über die Stadt gebracht hat, nicht mit Ablehnung – sondern mit Herzlichkeit und tränenreicher Umarmung. Da ist kein Vorwurf, sondern die Botschaft der Menschen an beide Außenminister ist: Gut, dass ihr zusammen hier seid. Nehmt eure Verantwortung ernst, gerade in dieser Zeit!

Es gibt eine weitere Stadt in Russland, zu der ich über die Jahre eine enge Bindung aufgebaut habe. Sie heißt Jekaterinburg, liegt fast zweitausend Kilometer östlich von Moskau, am Rande des Uralgebirges, geographisch schon in Asien. Auch in Jekaterinburg spiegelt sich deutsch-russische Geschichte. Jekaterinburg wurde von einem Deutschen gegründet, dem Ingenieur Georg Wilhelm Henning. Er stammte aus Siegen und stand eigentlich im Dienst der Holländer. Zar Peter I. wurde in Amsterdam auf seine Fertigkeiten aufmerksam und gewann ihn für die Modernisierung der russischen Wirtschaft und des Militärs. Aus dem Eisenwerk, das Henning 1723 gründete, entwickelte sich Jekaterinburg über die Jahre zu einer wichtigen Industrie- und Universitätsstadt. In keiner anderen Zeit jedoch wuchs die Stadt so stark wie im Zweiten Weltkrieg, als sie zum Zentrum der Schwerindustrie und zur Waffenschmiede im Kampf gegen Nazi-Deutschland wurde.

Meine eigene Beziehung zu Jekaterinburg hatte ihren Anfang im Jahr 2008, als ich zu einer Rede an die dortige Universität eingeladen war. Die Boris-Jelzin-Universität ist eine der angesehensten Hochschulen in Russland, mit rund 60 000 Studierenden. Nach vielen Besuchen seither sind mir Universität, Region und die Menschen dort ans Herz gewachsen. Mit mir sind in wechselnden Konstellationen Abgeordnete, Intellektuelle, Kulturschaffende und Wirtschaftsvertreter aus Deutschland dorthin gekommen und haben ihrerseits Bindungen aufgebaut – in besonderer Weise wohl jener erfahrene Journalist der BILD-Zeitung, der bei einem winterlichen Besuch in Jekaterinburg die Abkürzung vom politischen Abendtermin ins Hotel quer über den zugefrorenen Fluss nahm und dabei bis zu den Knien ins Eis einbrach, um sich später mit steifgefrorenen Hosenbeinen, aber guter Laune zur restlichen Delegation an den Hotelkamin zu setzen. Im Jahr 2016 – darüber freue ich mich besonders – ist erstmals auch eine Gruppe junger deutscher Studierender der Technischen Universität Berlin mit nach Jekaterinburg gekommen, zu einer gemeinsamen Summer School mit russischen Studierenden.

Jeder neue Besuch ist eine Bereicherung, denn er weitet den Blick auf Russland über das politische Moskau hinaus. In Jekaterinburg spürt man: Russland ist groß, und Moskau fern. Gerade auf den Reisen nach Jekaterinburg und vor allem durch die zwischenmenschlichen Begegnungen bekomme ich immer neue Eindrücke von Größe und Vielfalt dieses Landes.

Als mich die Universität im Jahr 2010 mit dem Ehrendoktor ausgezeichnet hat, empfand ich das als Aufforderung, für eine zukunftsfeste Partnerschaft zwischen unseren Ländern und Völkern zu arbeiten. Bis heute kehre ich einmal im Jahr an die Universität zurück, um eine Vorlesung zu halten und mit den Studierenden ins Gespräch zu kommen. So ist Jekaterinburg im Laufe der Jahre für mich zu einem Gradmesser der deutsch-russischen Beziehungen geworden, der Fortschritte und, leider, auch der Rückschritte. Wenn ich mich zurückerinnere, kommt es mir vor, als sei selbst die Atmosphäre im Vorlesungssaal ein Spiegelbild von politischen und gesellschaftlichen Entwicklungen.

Bei meiner allerersten Rede war ich schwer beeindruckt, weil alle Studierenden pünktlich vor Beginn auf ihren Plätzen saßen und mucksmäuschenstill bis zum Ende blieben. Hinterher sagte mir ein Mitarbeiter, dass das nicht an meiner fesselnden Rede lag, sondern daran, dass da Türsteher standen, die während der Vorlesung niemanden rein- und rausließen. Ich war ziemlich baff. Doch diese Zeiten sind vorbei, auch an der Universität Jekaterinburg lassen sich Veränderungen nicht aufhalten. Die Aufpasser an den Türen sind verschwunden, jetzt kommen und gehen die Studierenden, auch mittendrin, wie ich es aus meinen eigenen Studententagen in Erinnerung habe.

Entscheidender sind allerdings, wie bereits angedeutet, Veränderungen von anderer Natur. Anfangs waren die Vorlesungen noch Vorlesungen – nichts sonst. Nach dem letzten Satz verließen die Studierenden diszipliniert den Saal. Es hat ein paar Jahre gedauert, bis sich nach der Vorlesung kleine Grüppchen am Ausgang sammelten und das Gespräch mit mir suchten. Heute muss ich nicht mal mehr anregen, dass nach der Rede auch eine Diskussion zugelassen wird, sondern das erledigen die Studierenden selbst: Sie stellen mit großer Selbstverständlichkeit ihre Fragen und sind erstaunlich geduldig, wenn schwierige Fragen mal längere Antworten nach sich ziehen. Dann, im Dezember 2014 – es herrschte eine klirrende sibirische Kälte, der Atem gefror einem vor dem Gesicht – sprach ich an der Universität zum ersten Mal nach der Annexion der Krim. Ich äußerte mich mit klaren Worten zur völkerrechtlichen und politischen Bewertung. Ein Mann konnte gleich nach Ende der Rede mit seiner Frage kaum an sich halten, wurde als Erster aufgerufen und fragte mit viel Empörung in der Stimme: »Haben Sie Beweise dafür, dass es sich bei den Soldaten auf der Krim um russische handelt?« Es blieb nicht die einzige solcher Fragen, und ich hatte den Eindruck, dass, in Anwesenheit zahlreicher russischer Medien, zum ersten Mal die Mehrzahl der Fragen und Kommentare bestellt und regierungstreu vorbereitet war. Studierende kamen kaum zu Wort.

So wichtig es ist, Russland nicht nur aus der Perspektive der Hauptstadt zu sehen, so führen doch die meisten meiner Russlandreisen zu politischen Gesprächen nach Moskau. Viele meiner Gesprächspartner kenne ich seit Jahren. Mit Sergej

Lawrow, dem Außenministerkollegen, verbinden mich mehr als zehn Jahre gemeinsamer Arbeit – mit allen Höhen und Tiefen im deutsch-russischen Verhältnis. Ob Kosovo, Iran, Syrien, Libyen und natürlich Ukraine: Viele gefährliche Großkonflikte haben uns in verschiedenen Formen und Formaten an den Verhandlungstisch geführt. Sicherlich ist er einer der schwierigsten, weil auch professionellsten Verhandlungspartner. Doch oft genug habe ich Momente erlebt, in denen wir nach offiziellem Verhandlungsende die Krawatte abgelegt und bei einem Glas Scotch offen und ungeschützt unsere Wahrnehmungen abgeglichen haben. Wir können oft nicht einer Meinung sein, aber wir wissen beide, dass es unterschiedliche Wahrnehmungen derselben Realität gibt und dass Außenminister darüber reden müssen, wenn Lösungen für Konflikte möglich bleiben sollen. Darin jedenfalls sind wir uns einig, und wir schätzen die Meinung und langjährige Erfahrung des jeweils anderen.

Wladimir Putin habe ich während Gerhard Schröders Kanzlerschaft kennengelernt. Damals war ich Kanzleramtschef, und natürlich war nicht Putin mein politischer Gesprächspartner, sondern mein Amtskollege Dmitrij Medwedew, der Leiter der Präsidialverwaltung. Zu jener Zeit ahnte ich nicht, dass ich einmal Außenminister werden würde, und sicherlich ahnte Medwedew erst recht nicht, dass er mal Präsident und Ministerpräsident werden würde. Mit ihm habe ich später, 2008, die Idee einer deutsch-russischen Modernisierungspartnerschaft aus der Taufe gehoben, mit vielen konkreten Projekten in den Feldern von Energie bis Gesundheitswesen. Durch die politischen Rückschritte der letzten Jahre sind wir auch in diesen wichtigen, praktischen Feldern weit zurückgeworfen worden, und das darf nicht so bleiben.

Wenn ich nach Moskau reise, treffe ich oft auch mit dem russischen Präsidenten zusammen. Regelmäßig stellen mir Journalisten hinterher die Frage: »Herr Steinmeier, sind Sie ein

Putin-Versteher?« So oberflächlich provokant die Frage gemeint sein mag, so tief rührt sie doch an eine Grundfrage der Außenpolitik: Verstehen bedeutet nicht gleich Verständnis, und erst recht nicht Einverständnis. Aber: Ohne den Versuch, Motive und Gründe für die Haltung des Gegenübers zu verstehen, gibt es erfahrungsgemäß keinen Weg zur Verständigung und zur Lösung von Konflikten. Deshalb reagiere ich allergisch auf den Vorwurf, der in der Frage versteckt ist. Wenn schon das Verstehen-Wollen zum Schimpfwort würde, hätte ich in der Außenpolitik nichts mehr verloren.

Als Gesprächspartner ist Wladimir Putin intelligent, sortiert und bis ins kleinste Detail vorbereitet. Deutschland ist für ihn von besonderem Interesse. Das spürt man gerade in den persönlicheren Gesprächen. Er verfolgt die deutsche Politik intensiv, schaut jeden Tag die Nachrichten im ZDF, und wenn wir uns nach den offiziellen Gesprächen unter vier Augen treffen, sprechen wir deutsch. Meiner Ansicht nach hilft es wenig, Putin zum Feindbild zu machen und dann all seine Handlungen in dieses Feindbild einzuordnen. Ich gehe davon aus, dass es bei Gesprächen unter Außenpolitikern erst einmal um Interessen geht, die jeder Staat hat und die auch Putin messerscharf vor Augen hat. Diese Interessen können legitim sein oder illegitim. Manches ist gerechtfertigt, manches nicht. Diese Differenzierung ist wichtig. Wer zuerst ein Feindbild im Kopf hat, der spricht dem Gegenüber von Anfang an legitime Interessen ab. So ist kaum Verständigung, geschweige denn ein Ausgleich von Interessen möglich. Ich bin fest davon überzeugt, dass wir nach wie vor eine Menge gemeinsamer Interessen mit Russland haben, allen voran das Interesse an Frieden und Sicherheit auf unserem Kontinent. Nachhaltige Sicherheit für Europa wird es nicht ohne, schon gar nicht gegen, sondern nur mit Russland geben. Und umgekehrt sage ich allen drei Gesprächspartnern in Moskau immer wieder: Nachhaltige Sicherheit für Russland wird es nur mit Europa geben.

Russland ist unser größter Nachbar. Und dieser Nachbar hat Einfluss auf unsere Entwicklung, im Guten wie im Schlechten, und damit müssen beide Seiten verantwortlich umgehen. Oder wie Egon Bahr in seiner typischen trockenen Art mal gesagt hat: »Amerika ist unverzichtbar. Russland ist unverrückbar.«

Veteranin, Wolgograd, Mai 2015

Mit Sergej Lawrow, Februar 2014

Student an der Universität Jekaterinburg, August 2016

DEUTSCHE UND RUSSEN – VERGANGENHEIT, GEGENWART, ZUKUNFT

9. Dezember 2014
Jekaterinburg

Wer die Beziehungen von Nationen verstehen will, muss sich mit ihrer Geschichte und ihrer Geographie befassen. Ich mochte beide Fächer schon immer, und auch deshalb war das Amt des Außenministers ein Glücksfall für mich. Ich werbe, wo ich nur kann, für das Fach der Internationalen Beziehungen und der Diplomatie! Aber ich bin nicht zur Berufsberatung hier, sondern ich komme nach Jekaterinburg, um zu den Studierenden dieser Universität über die Beziehungen unserer beiden Länder zu sprechen.

Genau deshalb beginne ich mit Geographie und Geschichte. Ich habe vor der Reise auf den Globus geschaut und gedacht: Vielleicht hilft die Geographie uns ja, ein gemeinsames Verständnis unserer Lage zu erreichen. Jekaterinburg liegt ziemlich genau in der Mitte zwischen dem äußersten Westen Europas und der östlichsten Küste Asiens. Bis Lissabon im Westen sind es 5100 Kilometer Luftlinie, bis nach Wladiwostok im Osten 5300. Welcher Ort wäre besser geeignet, um sich Gedanken darüber zu machen, wie wir diesen Raum gemeinsam gestalten wollen?

Gleichzeitig liegt Jekaterinburg südöstlich des Ural, den wir in Deutschland als Grenze zwischen Europa und Asien begreifen. Es ist für uns Deutsche eine weite Reise tief nach Russland hinein – und gerade hier ist die alte russische Redensart häufiger zu hören: »Russland ist groß, und der Zar ist weit.« Das Sprichwort hat für Russen eine andere Bedeutung als für uns. Für mich heißt das: Unser westliches Bild von Russland ist sehr Moskau zentriert. Das wird der Größe und Verschiedenheit des Landes nicht gerecht. Auch daher bin ich heute gerne nach Jekaterinburg gekommen. Denn ich will mit den Studierenden sowie mit den Bürgerinnen und Bürgern sprechen – und zwar nicht nur über deutsche und russische Politik, sondern vor allem über *Deutsche* und *Russen*: über die Vergangenheit, Gegenwart und Zukunft unserer Völker.

Unsere gemeinsame Vergangenheit spiegelt sich in der Geschichte dieser Stadt. Nie in ihrer Geschichte wuchs die Stadt so rasant wie im Zweiten Weltkrieg, als sie zum Zentrum der Schwerindustrie und zur Waffenschmiede im Kampf gegen Hitlers Wehrmacht wurde.

In dieser Stadtgeschichte scheint ein roter Faden auf, der sich durch die Geschichte des deutsch-russischen Verhältnisses im Allgemeinen zieht: So vielschichtig diese Geschichte ist, so schlug sie allzu oft ins Extreme aus. Wenn unsere Vorfahren in Konflikte gerieten, ging es selten nur um Macht und Dominanz, sondern häufig genug um die Existenz – um das Niederringen des anderen. Im Siebenjährigen Krieg besetzten russische Truppen Berlin, im Ersten Weltkrieg betrieb Deutschland den Sturz des Zaren und oktroyierte Russland einen brutalen Frieden. 1941 überfiel NS-Deutschland Russland und zog mordend fast bis nach Moskau. Über 20 Millionen Russen, Weißrussen und Ukrainer ließen in diesem blutigen Weltkrieg ihr Leben! Im Gegenangriff besetzte die Sowjetische Armee Deutschland bis zur Elbe und blieb dort vierzig Jahre. Millionen Deutsche verloren ihre Heimat und flohen Richtung Westen.

Doch nicht nur die Kriege zwischen Deutschland und Russland sind Insignien des Extremen. Umgekehrt geschah auch dann Unheil, wenn russische und deutsche Herrscher sich gut verstanden haben! Mit solchen Phasen haben unsere Nachbarn bittere Erfahrungen gemacht. Im 18. Jahrhundert teilten deutsche und russische Herrscher drei Mal das polnische Staatsgebiet unter sich auf, bis von Polen nichts mehr übrig blieb. Hitler und Stalin taten dies auch – in den dreißiger Jahren, als sie ihre Einflusssphären in Ostmitteleuropa markierten. Auch das muss uns in der heutigen Lage eindringlich bewusst sein! Uns muss klar sein, wie historische Erfahrungen wie diese unsere Nachbarn bis heute beunruhigen.

Dann kam 1989. Vor genau 25 Jahren fiel die Berliner Mauer. Mit diesem schicksalhaften Tag, der für mein Land ein Glückstag war, begann nicht nur das Ende der Teilung Europas, es begann auch der Abzug der alliierten Truppen. Wer hätte damals zu hoffen gewagt, dass der Abzug russischer Truppen so friedlich verlaufen würde, wie er verlaufen ist? Wir Deutschen sind dafür bis heute dankbar.

Damals, als der Kalte Krieg zu Ende ging und die alte Blockkonfrontation Geschichte wurde, *sprach* manch einer sogar vom »Ende der Geschichte«. Das war eine grobe Vereinfachung, und daran geglaubt haben wir nie so recht – auch ich nicht. Aber haben in Bezug auf die deutsch-russischen Beziehungen nicht viele von uns gehofft, dass aus Feindschaft Freundschaft für alle Zeiten würde?

Gehofft haben wir alle. Der Weg dahin ist offenbar schwieriger und länger, als wir alle gedacht haben. Rückschläge auf diesem Weg gibt es auch. Einen erleben wir zurzeit. Vor allem aber ist der Blick zurück auf die Wendejahre 1989 bis 1992 von ganz unterschiedlichen Wahrnehmungen geprägt. Was bei uns im Westen als Ende des Sowjetkommunismus begrüßt wurde, das wurde von vielen Russen offenbar als eine große Katastrophe wahrgenommen. Wo wir das Ende von totalitärer Herrschaft sahen, hatten hier viele Angst vor dem Staatsverfall. Wo wir lauter neue Chancen sahen, da sahen andere hier das Ende alter Gewissheiten und etablierter Strukturen. Nicht erst seit dem Buch *Secondhand-Zeit* von Swetlana Alexijewitsch wissen wir, dass die neunziger Jahre für viele Menschen, insbesondere in Russland, geprägt waren von Unsicherheit und Bedeutungsverlust, von Chaos und der Bereicherung weniger auf Kosten der Mehrheit.

Dass Wahrnehmungen der Welt zwischen Menschen und Völkern verschieden sind, ist das eine. Interessenunterschiede kommen hinzu, und das wird immer so sein. Gäbe es sie nicht, bräuchte man weder Außenpolitik noch Diplomatie. Was mir aber Sorgen macht, ist, dass es uns ganz offenbar noch nicht gelungen ist, mit unterschiedlichen Wahrnehmungen so umzugehen, dass sie nicht zwangsweise Abgrenzung und Entfremdung hervorbringen. Wir haben es nicht geschafft, in Unterschieden nicht nur ein Gegeneinander, sondern die Möglichkeit zu einem Miteinander zu beiderseitigem Vorteil zu sehen. Vor allem haben wir es nicht geschafft, gemeinsam eine Entwicklung zu verstetigen, aus der dauerhafter Friede auf unserem Kontinent erwächst.

Deshalb müssen wir alle uns prüfen und fragen, was in den letzten Jahren schiefgelaufen ist; was wir hätten besser machen müssen. Auch ich habe mich das gefragt. Und ich bin mir sicher: Wir hätten auf beiden Seiten in der Politik vieles anders und vieles besser machen können, als wir es getan haben.

Vor sechs Jahren war ich zum ersten Mal in Jekaterinburg. Damals habe ich hier an dieser Universität das Konzept einer Modernisierungspartnerschaft zwischen Deutschland und Russland vorgestellt. Mit im Gepäck hatte ich eine Menge konkreter Initiativen: von Energiewirtschaft und Energieeffizienz über die Modernisierung des Gesundheitswesens bis hin zu Bildung und Forschung. Ein Satz, den ich damals gesagt habe, ist mir noch im Gedächtnis: »Wir leben in einer Zeit, in der nicht mehr die Zahl der Panzer und Raketen über die Stärke eines Landes entscheidet, sondern die Zahl seiner klugen Köpfe, die Anwendung von Wissen und die internationale Vernetzung.« War das eine falsche Annahme? Ich glaube nicht! Wir haben es aber nicht geschafft, gemäß dieser Erkenntnis politisch zu entscheiden und zu handeln. Nichtsdestotrotz werde ich weiter für diese Haltung werben und ich glaube, dass ich damit gerade bei Ihnen, den Studentinnen und Studenten dieser Universität, an der richtigen Stelle bin. Denn Sie sind die Zukunft dieses Landes.

Und weil ich das glaube, kann ich Ihnen zunächst einige klärende Worte über den ernstesten Konflikt in Europa nicht ersparen. Kurz zusammengefasst sehe ich es so: Die russische Regierung hat in der Ukraine-Krise ein grundlegendes Prinzip der europäischen Sicherheitsordnung in Frage gestellt: die Unverletzlichkeit von Grenzen, wie sie in der Helsinki-Schlussakte und im Budapester Memorandum auch von Russland zugesichert ist. Darüber, was die Verletzung dieses Prinzips für uns in Europa, Deutsche wie Russen gleichermaßen, bedeutet, darüber habe ich in den letzten Monaten zahlreiche Gespräche mit dem russischen Außenminister, dem russischen Präsidenten – erst vorletzte Woche in Moskau – und vielen anderen geführt, und ich werde dieses Gespräch weiterhin suchen. Wir stecken zweifelsohne in der schwersten außenpolitischen Krise in Europa seit dem Ende des Kalten Krieges. Kulminationspunkt dafür ist aus unserer Sicht die russische Annexion der Krim. Der Versuch, sieben Jahrzehnte nach dem Ende des Zweiten Weltkriegs in Europa Grenzen zu korrigieren: einseitig, ohne Achtung für staatliche Souveränität noch eingekleidet in die Prozesse der internationalen Gemeinschaft – so dürfen wir nicht miteinander umgehen.

So wie wir es sehen, definiert Russland heute seine außenpolitischen Interessen eher in Abgrenzung zu Europa. Jedenfalls scheint uns, dass die EU in Moskau zurzeit weniger als Partner gesehen wird, sondern mehr als geopolitischer Konkurrent. Umgekehrt herrscht in Europa die Befürchtung, Russland suche eine weltpolitische Rolle, die sich immer weniger auf Partnerschaft und stattdessen auf militärische Stärke gründet. Es gehört also zur ehrlichen Gegenwartsanalyse die Feststellung – und das heißt nicht, dass das so bleiben muss –, dass die politische Entfremdung zwischen uns nach Jahren der Annäherung und wachsender Partnerschaft wieder zugenommen hat.

Das darf nicht die Zukunftsperspektive im Verhältnis unserer beiden Völker und unserer Staaten sein. Deshalb will ich umso dringender fragen: Dürfen wir zulassen, dass aus der politischen Entfremdung eine Entfremdung zwischen den Völkern, zwischen den Menschen wird? Ich will das nicht, und ich bin sicher, die meisten hier im Saal wollen das auch nicht. Auch deswegen bin ich heute hier! Mein Aufruf richtet sich besonders an die Jungen im Raum: Wenn wir uns im kommenden Jahr an siebzig Jahre der Niederringung NS-Deutschlands und der NS-Diktatur erinnern, dann sind wir es dieser Geschichte schuldig, dass wir der drohenden politischen Entfremdung etwas entgegensetzen: Denn politische Gegensätze verwandeln sich allzu schnell in Gegensätze in den Köpfen. Wir erleben es doch: Rasend schnell werden Klischees, Vorurteile und Reflexe aus längst vergangenen Zeiten wieder lebendig. Ist es nicht verrückt, dass das gerade in Zeiten der Globalisierung geschieht, mit ihrer ununterbrochenen Verfügbarkeit von Informationen quer über den Erdball? Geht in der ständigen Aktualität, im hektischen Strom von Bits und Bytes nicht sogar genau das verloren, was das tiefere Wissen über den Nachbarn ausmacht? Ist die Überflutung mit immer mehr Nachrichten über weniges, wo Information, Spekulation und Desinformation manchmal ununterscheidbar verschwimmen, nicht sogar verantwortlich für den Verlust von Wissen über unsere Nachbarn in der Breite? Die Slawistik ist in Deutschland seit Jahren auf dem Rückzug. Immer weniger junge Deutsche lernen Russisch. Und ist es andersherum viel besser?

Auch in der Zivilgesellschaft ist die bilaterale Kooperation schwieriger geworden. Manche deutsche Nichtregierungsorganisation registriert dieser Tage, dass ihre russischen Partner auf Distanz gehen. Kürzlich hörte ich von einem europäischen Kollegen eine besorgniserregende Geschichte. Er sagte mir, eine langjährige, hochqualifizierte russische Mitarbeiterin habe ihre Arbeit bei der Botschaft seines Landes in Moskau gekündigt, weil sie in der heutigen Lage nicht mehr für eine »ausländische Organisation« arbeiten wolle. Ich frage mich: Ist das die Richtung, in die wir gehen wollen? Aber: Wenn nicht diese Richtung – welche dann?

Reden wir also über die Zukunft unserer Völker. Ich darf noch einmal aus meiner Rede von 2008 hier in Jekaterinburg zitieren: »Fast noch nie hatte eine junge Generation in Russland so viele Chancen, eine gute Zukunft für sich und dieses Land zu gestalten!«

Ist das hinfällig in einer Zeit, in der wir über den Ukraine-Konflikt ringen? Absolut nicht! Im Gegenteil: Ich wünsche mir, dass Sie Ihre Chancen nutzen. Und ich meine heute wie damals: Diese Chancen sind deutlich größer, wenn wir miteinander arbeiten, als wenn wir gegeneinander arbeiten! Hier sind einige Beispiele: Eingangs habe ich über Geographie gesprochen und gesagt: Von Jekaterinburg ist es nach Lissabon fast so weit wie nach Wladiwostok. Diese zentrale Lage öffnet vielleicht den Blick für diesen Wirtschaftsraum als Ganzen. Ich habe kürzlich in Deutschland vorgeschlagen, dass wir Möglichkeiten zu einem engeren Dialog zwischen der Europäischen Union und der Eurasischen Wirtschaftsunion ausloten mit dem Ziel, unser gemeinsames Wirtschaftspotential besser auszunutzen. In einem solchen Dialog könnten wir über wirtschaftliche Synergien genauso konstruktiv sprechen wie über Sorgen oder Interessenskonflikte im Umgang miteinander. Und schließlich kann ein solcher Dialog ein erster Ansatz sein für gemeinsame Schritte in Richtung eines wirtschaftspolitischen Ordnungsrahmens von Lissabon bis Wladiwostok, den

Russland immer befürwortet hat. Davon würden beide Seiten profitieren.

Zweitens: Sicherheit. Natürlich weiß auch ich nicht, wie die Sicherheitsarchitektur unseres gemeinsamen Raumes in fünfzehn oder zwanzig Jahren aussehen wird. Aber wer nur einen Augenblick lang auf diesen Raum und seine Geschichte blickt, dem ist klar: Dauerhafte Sicherheit in Europa wird es nur mit und nicht gegen Russland geben. Dauerhafte Sicherheit in Russland wird es nur mit und nicht gegen Europa geben. Auf diesen Grundgedanken gestützt, sollten wir nach Möglichkeiten suchen, nicht nur für Lösungen im Ukraine-Konflikt, sondern um langfristig die Instrumente der kooperativen Sicherheit in Europa wiederherzustellen und zu stärken. Der OSZE kommt bei einem solchen Gesprächsprozess eine Schlüsselrolle zu. Wir Deutschen werden im Jahr 2016 ihren Vorsitz übernehmen. Wir schätzen die OSZE, in der aktuellen Krise aber auch hier mit dem Blick auf die Geschichte: In den wohl kältesten Tagen des Kalten Krieges begann der KSZE-Prozess, an dessen Ende – das sage ich als Deutscher mit besonderer Dankbarkeit – das Geschenk unserer friedlichen Wiedervereinigung stand. Wir wollen uns daran ein Beispiel nehmen und in der Zeit unseres deutschen Vorsitzes alles tun, um das Vertrauen der Mitglieder untereinander wieder zu stärken und den ehrlichen Dialog wieder in Gang zu bringen. Gemeinsam mit dem jetzt zu Ende gehenden Schweizer Vorsitz haben wir am Freitag eine Gruppe internationaler Experten eingesetzt, die bis zum Beginn des deutschen Vorsitzes dazu Vorschläge vorlegen wird. Ich freue mich, dass Russland sich daran beteiligen will.

Drittens: Wir schauen viel und intensiv auf die Krise in der Ukraine. Aber es geht tatsächlich um viel, viel mehr. Auch jenseits unseres eigenen Raumes ist Sicherheit bedroht. Die internationalen Krisen und Konflikte überschlagen sich derzeit geradezu, und sie bedrohen Russland und Deutschland in gleicher Weise. Deshalb haben wir beide dasselbe Interesse, gemeinsam an Lösungen für diese Konflikte zu arbeiten: den seit mehr als drei Jahren tobenden Bürgerkrieg in Syrien etwa, den barbarischen Terrorismus der ISIS oder die Gefahr der Verbreitung von Massenvernichtungswaffen, weshalb wir mit dem Iran an einem Verhandlungstisch sitzen. Ich kann nicht auf jede dieser Bedrohungen eingehen, aber für sie alle zusammen gilt eines: Ohne uns, ohne die Zusammenarbeit zwischen Europa und Russland werden wir keinen einzigen dieser Konflikte jemals lösen.

Das zeigt sich viertens in einem kurzen Blick auf den Zustand der Vereinten Nationen. Solange zwei Großmächte – wie Russland und die USA – über die Ukraine im Konflikt liegen, sind die wichtigsten Institutionen der UN nahezu blockiert. Das ist Anlass zu größerer Besorgnis: Denn nie war der Sicherheitsrat wichtiger als jetzt, doch selten war der Sicherheitsrat so funktionsunfähig wie jetzt. Es ist fast eine Überlebensfrage, jedenfalls unser gemeinsames Interesse, dass das nicht so bleibt!

Ich habe die Hoffnung nicht aufgegeben, dass Konflikte überwindbar sind und dass wir nach Konflikten neue Wege zueinander finden können. Für die gibt es am Ende nur ein einziges wirksames Instrument: das offene, ehrliche und dauerhafte Gespräch. Jeder Studierende weiß, dass das nicht trivial ist! Dass das Bedürfnis, übereinander zu reden, oft größer ist als die Bereitschaft, miteinander zu reden. Dass das Aneinander-vorbei-Reden häufiger vorkommt als die ehrliche Auseinandersetzung über den Kern des Konflikts. Wer als Student oft genug in guten und in nicht so guten Seminaren gesessen hat, der weiß eben, dass Monolog plus Monolog noch keinen Dialog ergibt. Deshalb plädiere ich so nachdrücklich dafür, die wenigen verbliebenen Gesprächskanäle und Foren als das zu nutzen, was sie sind: Möglichkeiten zur Klärung von Interessen – wenn nötig auch zum Streit; wenn möglich mit der Suche nach Verständigung –, aber weniger als Bühne für den medialen Pranger.

Erst recht nach einigen Jahren in der Außenpolitik sage ich: Die Kultur des Dialogs ist keine Selbstverständlichkeit. Sie entsteht auch nicht von selbst, sondern echter Dialog will gelernt sein. Und so schließt sich der Kreis zu Ihnen, zu den Studierenden. Wo Austausch nicht unter jungen Menschen erlernt wird, hat er in der politischen Zukunft keine Chance. Gerade deshalb, gerade in politisch schwierigen Zeiten will Deutschland seinen Beitrag leisten. Gerade jetzt wollen wir die Verbindungen zwischen den Menschen verstärken – denn jetzt kommt es an auf gesellschaftliche Kontakte, auf Städtepartnerschaften, auf Kulturaustausch, auf Initiativen wie das Jahr der deutsch-russischen Literatur und Sprache.

Ganz besonders setze ich auf die Verbindungen zwischen jungen Menschen. Schon jetzt haben wir im akademischen Bereich eine sehr gute Grundlage – und gerade eben hat Präsident Kokscharow das am Beispiel dieser Universität noch einmal an den Zahlen verdeutlicht: Es gibt derzeit über 800 deutsch-russische Hochschulkooperationen und eine Reihe von Stipendien- und Kooperationsprogrammen. Das wollen wir ausbauen. Ich begrüße es sehr, dass der Deutsche Akademische Austauschdienst und die Assoziation führender Universitäten Russlands miteinander in Kontakt sind, um zusätzliche Stipendien zu ermöglichen. Ich möchte Sie herzlich einladen: Machen Sie Gebrauch davon! Sie sind uns willkommen in Deutschland! Umgekehrt will ich deutsche Studierende ermutigen, den Weg an russische Universitäten zu suchen, um sich ein Bild von der Größe und Vielfalt des Landes zu machen und in den Austausch mit der russischen Jugend zu treten.

All das, was ich hier vorschlage, wünsche ich mir nicht, weil ich naiv bin. Noch, weil ich der Vorstellung vom »Ende der Geschichte« anhänge, so als gäbe es keine Unterschiede und nur Gemeinsamkeiten zwischen uns. Sondern all das wünsche ich mir, weil ich verhindern will, dass einer Geschichte von Extremen eine Zukunft der Extreme folgt! Weil ich überzeugt bin, dass es unseren beiden Völkern dient, wenn wir bei allen Unterschieden lernen, uns zu verständigen. Damit wir es schaffen, dort zusammenzuarbeiten, wo wir zusammenarbeiten sollten, und dafür Vertrauen und Foren und Regeln finden. Damit der Ausschlag des Pendels der Geschichte, der in den vergangenen Jahrhunderten allzu extrem war, kleiner und Politik berechenbarer wird.

Der Kinderglaube an eine Zukunft ohne Konflikte und Meinungsverschiedenheiten ist unrealistisch. Darauf zu hoffen wäre naiv – im normalen Leben wie in der Politik! Aber dass wir gemeinsam eine neue Spaltung zwischen Ost und West verhindern und dass gestörtes Vertrauen wieder neu entsteht, daran haben wir alle ein großes Stück Arbeit, und das ist meine Hoffnung – eine Hoffnung, die realistisch ist.

DIESE WELT BRAUCHT VIELE WUNDER

Festtag auf dem Skopusberg –
Rauchende Beratungen –
Guter Rat von drei Außenministern –
Erlösende Landung in Beirut

Einer meiner schönsten Tage als Außenminister war der 31. Mai 2015. Abends saßen wir auf meinem Zimmer im King David-Hotel in Jerusalem beisammen und ließen den Tag gemeinsam ausklingen. Meine Frau und meine Tochter waren dabei, auch einige meiner engsten Freunde und Mitarbeiter. Ganz beseelt waren wir und tauschten Eindrücke vom Tage aus. Später sagte meine Frau zu mir: »Weißt du, selten habe ich einem Tag in deiner Außenministerzeit so aufgeregt entgegengesehen. Aber ebenso selten konnte ich mich mit dir an einem Tag dieser Zeit so uneingeschränkt freuen.«

Am Nachmittag war mir von der Hebräischen Universität der Ehrendoktortitel verliehen worden. Der Campus der Universität liegt auf dem Skopus. Skopus bedeutet »Aussicht«, und von oben hat man tatsächlich einen wunderbaren Blick über das alte und neue Jerusalem. Die Feierlichkeit fand nicht in einer dunklen Aula statt, sondern unter freiem Himmel, in einem Amphitheater, dessen Ränge in den Berghang geschlagen sind, so dass sich den Zuschauern der Blick ins Tal hinein öffnet. Von dort sieht man bis tief in die jordanische Ebene hinein und an deren Ende sogar die Wüste. Man sieht auch jüdische Siedlungsgebiete, die eine Schneise ins Westjordanland schlagen und so viel politischen Streit entfachen.

Das Licht an diesem Tag war strahlend und fast golden, die Landschaft sah aus wie gemalt. Auf der Bühne saßen dreihundert junge Frauen und Männer in festlichen akademischen Roben. Es war ihr großer Tag, sie bekamen ihre Doktortitel verliehen. 1400 Gäste waren gekommen, die Familien der Absolventen, Mütter, Väter, Geschwister, Großeltern, viele von ihnen hatten Tränen in den Augen, als ihren Enkeln zum krönenden Abschluss ihrer akademischen Anstrengungen die Urkunden überreicht wurden. Darüber hinaus wurde acht Förderern, wissenschaftlichen und gesellschaftlichen Partnern der Universität, die Ehrendoktorwürde verliehen. Zwei Politiker wurden in dieser würdevollen Zeremonie ausgezeichnet, der eine für sein Lebenswerk, der andere für sein aktuelles Wirken. Nur in Israel und in Deutschland kann man nachvollziehen, was es bedeutet, an einem solchen Tag neben jemandem zu stehen, der so viel Geschichte erlebt und geschrieben hat: Schimon Peres, ein Mann, der israelische Politik über Jahrzehnte ebenso geprägt hat wie die Geschichte der deutsch-israelischen Beziehungen. Er, der Friedensnobelpreisträger, und ich, der deutsche Außenminister, waren an jenem prächtigen Nachmittag eingeladen, die Festreden der Zeremonie zu halten.

Vor genau fünfzig Jahren hatten Israel und die Bundesrepublik Deutschland diplomatische Beziehungen miteinander aufgenommen. Die Aussöhnung zwischen Deutschland und Israel ist nichts weniger als ein Wunder. Politisch sagt sich das leicht dahin, fast etwas zu leicht. An diesem sonnigen Tag spürte ich mit Haut und Haaren, wie groß und wie prägend dieses Wunder auch in meiner eigenen Biographie wirkt, politisch wie persönlich, in meiner Familiengeschichte wie in unzähligen anderen Familiengeschichten von Deutschen und Israelis. An diesem Tag im Mai schienen sich viele Lebenslinien zu kreuzen, die mich über die Jahre mit Israel und mit Palästina verbunden haben. Über diese Lebenslinien sprach ich in meiner Rede. Von meiner Mutter, in Breslau geboren, einer jüdisch geprägten Stadt, der auch einige Gründerväter der Hebräischen Universität entstammten – bis hin zu meiner eigenen Tochter, die nach ihrem Abitur gerade ein Freiwilliges Soziales Jahr in Palästina verbrachte, eine Zeit, die sie menschlich wie politisch bewegt und geprägt hat. Nun saß auch sie dort auf dem Skopus in der Nachmittagssonne.

Ich musste an wichtige politische Begegnungen denken, an hoffnungsvolle und niederschmetternde Momente. Von beiden gab es viele, und ebenso viele Anlässe für Reisen in den Nahen Osten. Schon zwei Jahre zuvor hatte mich der unvergleichliche Geschäftsführer des King David an der Eingangstür zu meinem zwanzigsten Besuch in seinem Hotel begrüßt. Inzwischen sind noch einige hinzugekommen, Besuche in einer Region, die nicht zur Ruhe kommen will, in der der einzige Weg zum Frieden, die Zwei-Staaten-Lösung, in immer weitere Ferne rückt. All die großen und kleinen Momente aus vielen Jahren standen mir vor Augen, politische und private; die Freundschaften, die zu Tzipi Livni und Jitzhak Herzog gewachsen sind; Begegnungen mit wunderbaren Menschen wie dem Geigenbauer Amnon Weinstein, der die Instrumente von Holocaust-Opfern aufspürt, liebevoll restauriert und neu zum Klingen bringt; Menschen wie Aliza Olmert, die in ihrem autobiographischen Roman *Ein Stück vom Meer* von einem jüdischen Mädchen erzählt, das als Kind zweier Überlebender in Deutschland geboren wird und in Israel den Neubeginn versucht; oder der große Schriftsteller Amos Oz, der nicht nur in seinen Werken, sondern auch in vielen unvergesslichen Gesprächen »die Geister der Vergangenheit« heraufbeschworen und verarbeitet hat, damit – wie er es in seiner Rede in der Paulskirche 1992 formulierte – »diese Vergangenheit keine Herrschaft über uns erlangen mag«. Und während mir solche Erinnerungsbilder vors innere Auge kamen, dachte ich auch an meine vielen, oft nicht einfachen politischen Gespräche im Heiligen Land und dabei fiel mir auf, dass diese kurioserweise fast immer rauchend stattfanden, obwohl ich das Rauchen doch vor vielen Jahren aufgegeben habe. Avigdor Lieberman, mein israelischer Amtskollege, bot mir regelmäßig Zigarren an, und bei Mahmud Abbas, dem Präsidenten der Palästinensischen Autonomiebehörde, gibt es immer Zigaretten.

Vor allem kamen mir Rückblenden an meine ersten großen

Herausforderungen als Außenminister in den Kopf, während des zweiten Libanonkrieges im Sommer 2006. Die Sicherheit Israels wird für einen deutschen Außenminister immer eine schicksalhafte Bedeutung haben – für mich, ganz neu im Amt, ging es damals um das Ringen um einen Waffenstillstand zwischen Israel und der Hisbollah. Nun standen wir Deutschen auf einmal vor der Frage: Wie sichern wir den Waffenstillstand? Brauchen wir Friedenstruppen an der libanesisch-israelischen Grenze? Und sollten wir auch deutsche Soldaten schicken? Das war eine Gewissensentscheidung von großer Tragweite: deutsche Soldaten an der israelischen Grenze? Ich wollte und konnte die Entscheidung nicht fällen, ohne mir Rat zu holen.

Ich habe dann, was ich weder zuvor noch danach gemacht habe, meine drei Amtsvorgänger zum Abendessen eingeladen. Ich wollte die Meinungen von Joschka Fischer, Klaus Kinkel und Hans-Dietrich Genscher hören. Die beiden jüngeren, Fischer und Kinkel, sprachen sich für einen Einsatz deutscher Soldaten aus, Genscher war dagegen. Ich habe mich für den Einsatz entschieden, auch das gehörte in meinen Augen zur Verantwortung Deutschlands für die Sicherheit Israels. Bis heute sind Bundeswehrsoldaten Teil der UN-Mission zur Sicherung des Waffenstillstands.

Der Krieg mit dem Libanon hat mehr als tausend Menschen das Leben gekostet. Israel hatte über Wochen eine Blockade gegen den Libanon verhängt, das Land war von der Außenwelt abgeschnitten, nach Beirut gab es weder Flug- noch Schiffsverkehr. Mit dem Waffenstillstand haben wir glücklicherweise auch die Blockade aufheben können.

Ich erinnere mich genau an den 7. September 2006: Ich war nach Beirut gekommen und stand mit dem damaligen Ministerpräsidenten Fuad Siniora und anderen libanesischen Politikern auf dem Balkon seines Amtssitzes. Während wir miteinander sprachen, sah ich, wie sich in großer Höhe ein Flugzeug der Stadt näherte, und zeigte in die Richtung. Gemeinsam, wie gebannt, verfolgten wir seinen Flug. Es kam immer tiefer und setzte schließlich zur Landung an. Es war das erste Flugzeug, das nach Wochen der Blockade wieder in Beirut landete, an Bord waren Nahrungsmittel der Vereinten Nationen. Die Libanesen um mich herum hatten Tränen in den Augen. Es war für mich der erste jener wunderbaren Momente, in denen offenbar wird, wie Diplomatie den Menschen helfen kann.

An solche prägenden Momente musste ich auf dem Skopusberg denken, Momente, in denen – wie so oft im Heiligen Land – das Persönliche und das Politische ineinanderfließen. So ist es leider auch mit den bitteren Erinnerungen. Im selben Hotelzimmer des King David, wo wir den glücklichen Abend nach der Doktorverleihung verbrachten, hatte ich fast zehn Jahre zuvor meinen Freund, den israelischen Schriftsteller David Grossman, getroffen. Es war Anfang August 2006. Ich war erneut zu Verhandlungen wegen des Libanonkrieges gekommen. An jenem Abend war der Waffenstillstand schon zum Greifen nah, wir standen kurz vor einer Einigung. Ich erinnere mich genau an Davids Worte. Er sagte, der Krieg müsse schnell beendet werden, denn jede weitere Verstrickung Israels führe in die Katastrophe. Als David und ich uns verabschiedeten, fasste er mich am Arm und sagte leise: »Zum ersten Mal habe ich Angst.« Als hätte er es gespürt. Ich war kaum zurück in Berlin, als mich ein Telegramm aus Israel erreichte. Sein Sohn Uri war gefallen, 21 Jahre alt, gestorben in den letzten Stunden jenes Krieges, wohl bei dem Versuch, die Besatzung eines getroffenen Panzers zu retten.

Mit David Grossman im Hotel King David, Jerusalem, August 2006

Mit Mahmud Abbas in New York, September 2008

Mit Schimon Peres an der Hebräischen Universität, Mai 2015

VERLEIHUNG DER EHRENDOKTORWÜRDE*

31. Mai 2015
Hebräische Universität, Jerusalem

Was für ein wunderbares Publikum! Was für ein herrlicher Tag für Ihre Feier und für einen zweistündigen Vortrag über unsere bilateralen Beziehungen! Ich hoffe, Sie sind darauf vorbereitet. Nein, keine Bange, ich bin nicht hier, um zu dozieren – ich bin hier, um zu gratulieren. Heute ernten Sie die Früchte Ihrer harten Arbeit. Heute erhalten Sie die Doktorwürde! Masel tov Ihnen allen!

Wenn ich fragen darf: Wer von Ihnen hat in den Rechtswissenschaften promoviert? Schön, dass Sie hier sind; ich dachte, Sie wären noch in der Bibliothek. Ich gebe zu: Auch ich habe in Jura promoviert. Als ich vor vielen Jahren auf Ihrem Platz saß, bei meiner eigenen Promotionsfeier, hörte ich zufällig, wie sich einige Absolventen darüber unterhielten, welches ihrer Studienfächer das älteste und ehrwürdigste sei. Ein Medizinstudent sagte: »Erinnert euch: Als Gott Eva erschuf, schnitt er sie aus Adams Rippe. Das war die erste Operation aller Zeiten. Medizin ist also das älteste Fachgebiet!« Ein Architekturstudent wandte ein: »Nein! Zuvor hat Gott die Erde aus dem Chaos erschaffen. Also ist die Architektur das älteste Fach.«

---

* Rede im Original auf Englisch gehalten, hier in deutscher Übersetzung wiedergegeben

Da rief ein Jurastudent: »Und wo, glaubt ihr, kam das Chaos her?«

Es war 1984 – ich selbst war gerade mit dem Jurastudium fertig –, als ich zum ersten Mal von einem mutigen und beeindruckenden Mann hörte, der gerade Premierminister von Israel geworden war; ein Mann, der den Weg des jüdischen und demokratischen Staates Israel entscheidend geprägt hat; ein Mann, von dem ich mir nie hätte träumen lassen, dass ich eines Tages an diesem historischen Ort neben ihm sitzen würde. Dieser Mann ist Schimon Peres! Herr Präsident, es ist eine Ehre, diese Bühne mit Ihnen teilen zu dürfen und gemeinsam mit Ihnen und sieben weiteren großen Persönlichkeiten ausgezeichnet zu werden.

2010 besuchte Präsident Peres mein Land. Mitten im Herzen unserer Demokratie, im Deutschen Bundestag, erzählte er uns von seinem Großvater, Rabbi Meltzer. Der kleine Junge Schimon liebte seinen Großvater, und in vielen kalten Winternächten wärmte er sich unter seinem Gebetsmantel. Bis zu dem Tag, an dem die Nazis kamen. Sie zwangen alle Juden der Stadt in die Synagoge. Rabbi Meltzer ging seiner Gemeinde voran, eingehüllt in ebendiesen Gebetsmantel. Die Nazis verriegelten die Türen hinter ihnen und steckten die Synagoge in Brand. Von der Gemeinde blieb nichts als glühende Asche übrig.

Diese Geschichte erzählte uns Schimon Peres. Und doch, in derselben Rede, sprach Präsident Peres von der »einzigartigen Freundschaft«, die heute zwischen Deutschland und Israel besteht. Präsident Peres hat, wie so viele andere Israelis, Deutschland, dem Land der Täter, die Hand gereicht. Und gemeinsam hielten wir uns bei den Händen, über den Abgrund der Vergangenheit hinweg, und bauten eine Brücke der Freundschaft. Diese Freundschaft ist nicht weniger als ein Wunder!

»Im wunderschönen Monat Mai, als alle Vögel sangen …« schrieb der deutsch-jüdische Dichter Heinrich Heine. Im Monat Mai vor siebzig Jahren verstummten alle Vögel. Der Krieg war zu Ende, und die Frühlingssonne brachte das schlimmste Verbrechen in der Geschichte der Menschheit ans Licht, die Schoah am jüdischen Volk. Wieder im Monat Mai, nur zwanzig Jahre später, vor einem halben Jahrhundert, nahm der Staat Israel diplomatische Beziehungen zur Bundesrepublik Deutschland auf. Heute feiern Sie im wunderschönen Monat Mai Ihre Promotion und begrüßen den deutschen Außenminister in Ihrer Mitte. Nur drei Generationen, ein Wimpernschlag der Geschichte, hat er gedauert: der Weg vom dunkelsten Kapitel der Menschheit zu ihrem hellsten politischen Wunder!

Drei Generationen – alle drei Generationen sind heute hier unter uns! Die erste Generation war Zeuge der Dunkelheit. Schimon Peres ist hier. Einige Ihrer Großeltern sind hier. Auch Regina und Zwi Steinitz sind hier. Sie überlebten die Hölle der Schoah in Auschwitz und Sachsenhausen. Sie leben in Tel Aviv, aber sie kehren jedes Jahr nach Deutschland zurück, um vor jungen Deutschen Zeugnis abzulegen über ihr Leid. Vor wenigen Wochen traf ich die beiden in Sachsenhausen, und sie nahmen meine Einladung an, heute nach Jerusalem zu kommen und mit uns zu feiern.

Lieber Zwi: In derselben Generation wie Sie wurde auch meine Mutter geboren, und zwar nicht weit von Ihrem Heimatort – in Breslau. Breslau war damals ein lebendiges Zentrum jüdischen Lebens, die Stadt von Ferdinand Lassalle, Paul Ehrlich, Edith Stein und Fritz Stern. Wenige Jahre nach der Geburt meiner Mutter begannen jüdische Familien vor dem Hass und der Gewalt der Nazis zu fliehen. Unter ihnen war auch der große Historiker Richard Koebner. Er kam just hierher an die neu gegründete Hebräische Universität zu Jerusalem. Zehn Jahre später musste auch meine Mutter aus Breslau fliehen, nunmehr vor jenem Krieg, den die Nazis über Europa gebracht hatten und der sich jetzt gegen seine Verursacher gewendet hatte.

Und heute? Der Name Richard Koebners ist verewigt im

»Koebner-Zentrum« der Hebräischen Universität, das sich der Erforschung der deutsch-jüdischen Geschichte widmet. Und in Breslau, Koebners Heimatstadt und der Heimatstadt meiner Mutter, ist die alte Synagoge zum Weißen Storch renoviert worden. Dort saß ich vor wenigen Monaten und war Zeuge der ersten Ordinierung von Rabbinern seit dem Krieg. Die vier jungen Rabbiner wurden in Berlin und Potsdam ausgebildet – ein lebendiger Beweis für das jüdische Leben, das wieder aufblüht in Europa und in Deutschland! Diese Blüte ist unsere Blüte, sie bereichert uns alle, und wir müssen sie vor allen Formen von Antisemitismus, Rassismus und Hass beschützen!

Und dann folgt die zweite Generation, meine eigene Generation. Die Generation Ihrer Professoren, die Sie durch die vergangenen Forschungsjahre geleitet haben. Und die Generation Ihrer Eltern, die heute hier in diesem Amphitheater sitzen und unendlich stolz auf Sie sind! Diese, meine Generation hat die ersten, vorsichtigen, oft schmerzlichen Annäherungsversuche zwischen unseren beiden Ländern erlebt. Wir als junge Deutsche setzten uns mit den Verbrechen unserer Väter auseinander; und Ihre Eltern als junge Leute versuchten, die dunklen, unaussprechlichen Erinnerungen ihrer Eltern zu ergründen. Viele der frühen Verbindungen zwischen Israel und der Bundesrepublik Deutschland entstanden im Bereich der Wissenschaft. Schon in meinem Geburtsjahr, 1956, nahm die Hebräische Universität erste Kontakte zu deutschen Universitäten auf. Aber erst als ich 17 war, reiste erstmals ein deutscher Bundeskanzler nach Jerusalem. Es war Willy Brandt. Auch zu dieser Zeit tat es vielen Menschen in Jerusalem noch schmerzlich weh, wenn sie die deutsche Sprache hörten, die düsterste Erinnerungen wachrief. Einer Ihrer Professoren, Dror Wahrman, war sechzehn Jahre alt, als er herausfand – und das auch nur durch Zufall –, dass sein Vater Yakov Deutsch sprach. Dror hat mir erzählt, dass er letzte Woche zu Hause in Tel Aviv einen alten Brief gefunden hat, den sein Vater 1942 im Alter von 15 Jahren an seinen Vater, Drors Großvater, geschrieben hat. In dem Brief heißt es voller Wehmut und voller Sehnsucht: »Vater, ich möchte eine deutschsprachige Lesegruppe auf unserem Balkon gründen. Und ich hoffe, dass niemand kommt.«

Und heute? Heute sind wir zusammengekommen. Wir haben uns gefunden – durch alle Dunkelheit hindurch. Und nun kommen wir regelmäßig zusammen, auf Reisen, an Universitäten, bei Regierungskonsultationen, zu Geschäftsterminen – und irgendwie auch auf Yakov Wahrmans Balkon.

Dann sind da Sie! Die dritte Generation. Ich denke an meine eigene Tochter. Für sie, wie für viele von Ihnen, hat der deutsch-israelische Austausch einen festen Platz auf ihrem jungen Lebensweg gefunden, bei ihrer Entdeckung der Welt! Berlin und Tel Aviv ziehen junge Menschen an wie Magnete der Moderne. Tausende junger Deutscher kommen jedes Jahr nach Israel, und Tausende junger Israelis gehen nach Deutschland und tragen dort zum jüdischen Leben bei. In Frankfurt, Köln, Berlin und vielen anderen deutschen Städten gibt es heute jüdische Festivals, jüdisches Theater und jüdische Start-ups. In Berlin kriegt man sogar ordentliche Bagels! Das sagte mir jedenfalls ein jüdischer Freund. Wie kann ich denn beurteilen, was ein guter Bagel ist? Ich bin ein Goi aus Westfalen, ich kann Ihnen höchstens sagen, was ein guter Pumpernickel ist!

In diesen Geschichten aus drei Generationen wird lebendig, was unser Wunder im Kern wirklich ausmacht: Dieses Wunder ist nicht auf die politische Elite begrenzt. Dieses Wunder lebt in der ganzen Gesellschaft, es lebt in Tausenden von Geschichten, an jedem einzelnen Tag! Mir kommt dabei eine deutsche Redewendung in den Sinn, für die es keine rechte Übersetzung gibt. Sie heißt: »Deutsche und Israelis sind einander ans Herz gewachsen.« An die Mediziner: Nein, es handelt sich nicht um einen chirurgischen Eingriff. Was dieses Wunder im tiefsten Innern ausmacht, gerade wenn ich heute in diese Runde schaue, ist eine tiefe Zuneigung. Eine Zuneigung, die mich demütig macht im Angesicht unserer Vergangenheit, und die unerschütterlich ist, wo auch immer uns unser Weg in der Zukunft hinführen wird.

Ich weiß, das war eine sehr persönliche Geschichte. Aber ja, dessen ungeachtet bin ich auch Außenminister und weiß, dass die Welt, in der wir leben, nicht von Zuneigung regiert wird. Die Welt ist nicht rosig. Da draußen herrscht viel Dunkelheit. Selbst wenn man sich an diesem wunderschönen Ort umsieht, von diesem historischen Berg hinabschaut. Da ist Hass, da ist Furcht, da ist Ungerechtigkeit. In Ihrem eigenen Land. In Ihrer Nachbarschaft. Und auch bei uns in Europa.

Aber ich habe Hoffnung! Ich habe Hoffnung, dass Verständigung und Versöhnung und Frieden möglich sind! Manche mögen das naiv nennen. Und da Sie alle nun Ihren Doktortitel in der Tasche haben und folglich der Wissenschaft vertrauen, möchte ich Ihnen den stärksten empirischen Beweis für diese Hoffnung liefern, den die Menschheit je gesehen hat: Der Beweis ist das Wunder von Deutschland und Israel – das Wunder der Freundschaft nach der Dunkelheit. Deshalb ist diese Freundschaft nicht nur eine Sache für Geschichtsbücher, sondern sie trägt in die Zukunft! Diese Freundschaft ist nicht auf die Generation der Zeitzeugen beschränkt, sondern sie schließt die Jungen mit ein und all jene, die erst seit kurzem in unseren Gesellschaften leben, die als Immigranten nach Deutschland und nach Israel gekommen sind! Diese Freundschaft ist nicht statisch, sondern sie ist lebendig! Sie kann auch die kritischen Fragen verkraften, die junge Menschen stellen, Kritik an ihrer eigenen Regierung und der jeweils anderen.

Vielleicht gehört dieses deutsch-israelische Wunder sogar nicht nur unseren beiden Ländern, sondern es kann hinausstrahlen in die Welt! Es kann all jenen Hoffnung geben, die unter Konflikten leiden und in Furcht leben – denn dieses Wunder zeigt: Versöhnung ist möglich.

Liebe Absolventinnen und Absolventen: Die deutsch-israelische Freundschaft beweist, dass die Arbeit dreier Generationen Wunder bewirken kann. Und nun ist es an Ihnen, die Arbeit fortzusetzen. Denn diese Welt braucht viele Wunder!

WIDER DIE EINFACHEN ANTWORTEN

Warteschleifen über Amman –
Buchtipps in Teheran und Riad –
Terroranschlag im Museum –
Demokratie-Debatte in Tunis

Nur ein einziges Mal habe ich – buchstäblich schon in der Luft, unterwegs im Flugzeug – eine Reise abgebrochen. Das war im August 2006. Die geplante Reiseroute hatte es in sich: Israel, Jordanien, Syrien, Saudi-Arabien. Im Westen wurde heiß diskutiert, wie mit dem noch relativ jungen syrischen Präsidenten Baschar al-Assad umzugehen sei. Die damalige US-Außenpolitik unter George W. Bush sah die Welt nur nach einem Schema: Achse des Bösen, Achse des Guten – und die Amerikaner waren sich sicher, auf welche Seite Syrien gehörte. Ich hingegen warb dafür, zumindest Angebote zu formulieren, um Syrien in Verantwortung einzubinden, etwa für die Sicherheit im Nahen Osten, statt das Land unmittelbar an die Seite und damit unter den Einfluss des Iran zu stellen. Damit kein Missverständnis entsteht: Syrien war schon unter Baschars Vater Hafiz al-Assad ein autoritäres Regime, in dem Polizei und Geheimdienste, nicht Wahlen und demokratisch legitimierte Institutionen als Instrumente der Herrschaft dienten. Daran hätte sich wohl auch unter Baschar so schnell nichts geändert, da ist nichts zu beschönigen. Dennoch müssen wir uns auch im Westen rückblickend fragen, ob wir die Chancen für Veränderung nach Hafiz' Tod genügend ausgeleuchtet haben. Baschar al-Assad war zum Zeitpunkt des Irakkrieges erst zwei Jahre im Amt. Das Verhältnis zwischen ihm und seinem Vater galt als distanziert. Nie war Baschar für Positionen im syrischen Regime vorgesehen, anders als seine Brüder hatte er keine militärische Ausbildung erhalten und gab seinen Beruf als Augenarzt in London nur widerwillig auf. In den frühen Zeiten seiner Rückkehr, nach dem Tod von Bruder Basil, galt er sogar als Reformer, war geprägt durch seine Ausbildung im

Westen. Über seine Frau, eine in Großbritannien geborene und aufgewachsene Sunnitin, hieß es, die Umstellung vom Shopping in Londoner Boutiquen auf den Suq von Damaskus sei ihr äußerst schwergefallen.

Ich wollte mir jedenfalls selbst einen Eindruck machen und hatte Gespräche in Damaskus vereinbart. In Jerusalem, wieder einmal im Hotel King David, erreichte mich ein Anruf des damaligen französischen Präsidenten, Jacques Chirac. Eindringlich warnte er mich vor einer Reise nach Syrien. Ich setzte die Reise fort. Auf der nächsten Station, Jordanien, klingelte wieder mein Telefon, die amerikanische Außenministerin Condoleezza Rice rief durchs Telefon – ich werde die Tonlage nicht vergessen: *»Frank, I urge you not to go!«* Ich setzte meine Termine fort. Schließlich, während der Audienz beim jordanischen König, dem letzten Termin vor Abflug nach Damaskus, erreichten uns Agenturmeldungen von einer Rede, die Assad in Damaskus gehalten hatte. Heftige verbale Angriffe auf Israel, so hörten wir, seien in der Rede enthalten gewesen.

Schon mussten wir zum Flughafen aufbrechen, während meine Leute eilig versuchten, ein klareres Bild der Aussagen zusammenzustellen. Um Irritationen zu vermeiden, gab ich Anweisung zum Abflug – aber ohne den Zielflughafen zu bestätigen. Im Flugzeug erhielt ich aus Damaskus, hastig ins Deutsche übersetzt, den Wortlaut von Assads Rede: Tiraden über den »Feind Israel« waren darin enthalten, und lautstarke Unterstützung für Hisbollah. Mir war klar: Unter diesen Umständen war ein Gespräch mit Assad das falsche Zeichen. Nur wenn die syrische Regierung ihrerseits Bereitschaft zur Konfliktlösung signalisierte, wäre ein Gesprächsangebot sinnvoll.

Über Amman kreisend, erläuterte ich den mitreisenden Journalisten meine Entscheidung, unser Flieger drehte ab und nahm einen Tag früher als geplant Kurs in Richtung Dschidda in Saudi-Arabien. Unser Generalkonsulat vor Ort bereitete eilig den vorgezogenen Empfang vor, wenige Stunden später saß ich in einem improvisierten Fernsehstudio, in Wahrheit eher eine Besenkammer, und erklärte in mehreren Liveschaltungen mit deutschen Nachrichtenmagazinen, wie ein möglicher Schritt nach vorn – wieder einmal! – ein kleines Stückchen ferner gerückt war.

An solche Momente muss ich heute denken, zehn Jahre später, wo die internationale Gemeinschaft vor der syrischen Katastrophe steht. Im sechsten Jahr tobt der Bürgerkrieg, Hunderttausende Todesopfer hat er gefordert, Millionen, die Haus und Hof verloren haben; viele von ihnen haben in Deutschland Zuflucht gefunden. Solche Momente meine ich, wenn ich von dieser syrischen Katastrophe als einer »Chronik der verpassten Chancen« spreche. Vermutlich haben wir Lösungen verpasst oder zumindest ausgelassen, lange bevor der Krieg begann. Jahre später, nachdem das Assad-Regime die Proteste des Jahres 2011 blutig niedergeschlagen hatte, boten die Vereinten Nationen den wohl erfahrensten und klügsten Vermittler auf, den die Welt zu bieten hat: Kofi Annan. Er verhandelte intensiv mit Regierung und Opposition, erarbeitete Vorschläge für einen politischen Prozess, für die wir in der heutigen Lage wahrscheinlich dankbar wären. Doch der Sicherheitsrat entzog seine Unterstützung, die Vetomächte schoben sich gegenseitig Schuld zu. Frustriert trat Annan als Syrien-Sondervermittler im Sommer 2012 zurück.

Auch später, zurück im Amt des Außenministers, habe ich internationale Syrien-Konferenzen erlebt, bei denen die versammelte Weltgemeinschaft am Reißbrett Szenarien für eine Zeit nach Assad entwarf. Doch Assad war noch da, und er ist es bis heute. Aber nach fünf Jahren Bürgerkrieg sind Lösungsszenarien, die einmal möglich waren, nicht mehr denkbar, nachdem dieser Diktator zum Massenmörder am eigenen Volk geworden ist. Der Syrien-Konflikt hat sich zu einem erbitterten Stellvertreterkonflikt ausgewachsen, mit Hunderten kämpfenden Gruppierungen verschiedenster Couleur, darunter nicht wenigen islamistischen Extremisten; ethnischen und religiösen Minderheiten, die zwischen den Fronten stehen oder ihre Chance gekommen sehen wie beispielsweise die Kurden; einer grenzüberschreitenden Terrororganisation, die mordend ein islamistisches Kalifat errichten will; Regionalmächten, allen voran Saudi-Arabien und Iran, die auf fremdem Boden um Vorherrschaft ringen; externen Akteuren mit eigenen Interessen und Historien, nicht zuletzt die USA, Russland und wir Europäer ... Keine Vereinfachung, keine Schablone und keine Realitäts-Ausblendung werden helfen, um Schneisen eines möglichen Lösungsweges in dieses Dickicht zu schlagen.

Durch die Einigung im Atomstreit mit dem Iran hat sich dafür im Sommer 2015 zumindest ein Türspalt geöffnet. Schon mit dem Tag der Vereinbarung begann eine neue Phase unserer Bemühungen. Denn uns war klar: Es braucht die Verantwortung dieser Verhandlungsparteien auch für einen Lösungsweg für Syrien. Das umfasst die sogenannten E3+3, also die USA, Russland und China sowie Frankreich, Großbritannien und Deutschland, aber vor allem auch die Staaten in der Region. Fortan haben wir uns bemüht, die beiden Kontrahenten Iran und Saudi-Arabien miteinander an den Tisch zu bekommen. Mehrfach pendelte ich zwischen Riad und Teheran. Es ist uns schließlich gelungen, sie alle, die regionalen und überregionalen Parteien, in ein Syrien-Format einzubinden, das in Wien, New York und München getagt hat. Doch der politische Prozess bleibt mühsam, und bei jedem Besuch in der Region spüre ich erneut, wie tief die Gräben sind.

In zwei Begegnungen im vergangenen Jahr traten diese Gräben ganz zugespitzt zutage, und in beiden ging es um Bücher. In Teheran fragte ich nach stundenlangen ergebnislosen Verhandlungen den Nationalen Sicherheitsberater, ob er denn glaube, dass der Konflikt mit den Saudis überhaupt jemals zu lösen sei. Er sah mich entgeistert an, so, als müsse er mir das kleine Einmaleins erklären, und empfahl mir schließlich ein Buch über Saudi-Arabien. »Lesen Sie das!«, sagte er, »dann verstehen Sie, was das für welche sind!« Ich antwortete: »Oh, ich habe gehört, dass es in Saudi-Arabien ganze Bibliotheken mit Büchern gibt, die zeigen, wie die Iraner so sind. Nur bringt uns das weiter?«

Bald darauf traf ich in Riad den stellvertretenden saudischen Kronprinzen. Natürlich sprachen auch wir über die regionale Sicherheitslage und nach kurzer Zeit – wer hätte es gedacht – war es umgekehrt an ihm, mir ein Buch voller Enthüllungen über den Iran zu empfehlen. Die Situation war so frappierend parallel, dass ich mir ein Schmunzeln verkneifen musste. Ich entschied mich stattdessen, ihm von unseren Erfahrungen in Europa zu erzählen: welche tiefen Feindschaften uns einst getrennt und wie wir sie überwunden haben, Schritt um Schritt. Und ich sagte ihm: Wenn wir Konflikte lösen wollen, dann dürfen wir uns nicht an vermeintlich ewige Wahrheiten binden. Denn in jedem Konflikt existieren mehrere Wahrheiten, mindestens eine auf jeder Seite. Ich berichtete von Willy Brandts Ostpolitik und seinem Motto: »Du musst die Welt nehmen, wie sie ist, aber du darfst sie nicht so lassen.« Wir unterhielten uns noch eine ganze Weile über die Geschichte unserer jeweiligen Regionen, und am Ende unseres Gespräches fragte mich der stellvertretende Kronprinz, ob ich ihm denn meinerseits ein Buch über Europa empfehlen möge. Natürlich bin ich dem gerne nachgekommen, und eine Woche später schickte ich dem saudischen Botschafter in Berlin den zweiten Band, in englischer Übersetzung, von Heinrich August Winklers *Der lange Weg nach Westen*.

Fast nie, und erst recht nicht im Mittleren Osten, helfen Schwarzweißmuster, Schablonen von Gut und Böse, um Konflikte zu verstehen, geschweige denn zu lösen. Doch wird leider kaum eine andere Region der Welt so sehr in Schwarzweiß betrachtet wie der arabische Raum. Grautöne und Schattierungen tauchen kaum auf in den Bildern, die Menschen sich von dieser Region machen, von Farbtönen ganz zu schweigen.

Nicht ohne Grund war der Titel der Rede, die ich Anfang 2015 in der Region gehalten habe: »Wider die einfachen Antworten!« Und nicht ohne Grund hatten wir Tunis als den Ort für die Rede ausgesucht. In Tunesien hatte der Arabische Frühling seinen Anfang, und das durch einen radikalen Akt. Am 17. Dezember 2010 setzte der Gemüsehändler Mohamed Bouazizi in der Stadt Sidi Bouzid aus Protest gegen die Schikanen der Obrigkeit sich selbst in Brand.

Als ich am 23. Januar 2015 nach Tunis kam, stand die junge Demokratie an einem kritischen Punkt. Die demokratische und muslimische Verfassung, ein Novum in der Region, war ratifiziert, freie Wahlen waren abgehalten worden, nun steckte Tunis im schwierigen Prozess der Koalitionsbildung. Die Lage war angespannt. Zwei Wochen zuvor, am 7. Januar, hatten islamistische Terroristen die Redaktion des französischen Satiremagazins *Charlie Hebdo* in Paris angegriffen und zwölf Menschen ermordet, darunter drei Tunesier. Die Attentäter waren französische Muslime, und in Europa keimte eine hitzige Debatte über den Islam und seine Verträglichkeit mit der Demokratie auf – eine Debatte, die in keinem Land so unmittelbar ausgetragen wurde wie in Tunesien. Sehr bewusst entschied ich mich in meiner Rede, den Stier bei den Hörnern zu packen und über den Islam und die Demokratie, über Religion und Gesellschaft zu sprechen.

Einen Tag vor meiner Rede hatte unsere deutsche Delegation das Nationalmuseum von Bardo besucht. Es ist das größte archäologische Museum in Tunesien und eines der bedeutendsten Nordafrikas. Das Museum ist ein farbenfroher, reichverzierter Palast, kombiniert mit einem eleganten Neubau aus glattem Sandstein und viel Glas. Im Zentrum der Ausstellung, die wir besuchten, standen drei deutsche Künstler, Impressionisten, die Ende des 19. Jahrhunderts nach Tunis gereist waren und sich vom Licht, den Farben und Gerüchen inspirieren ließen. In ihren Bildern wurden diese Eindrücke zu etwas Abstraktem, aber sehr Eindrücklichen. Die Gemälde und ihr Museumsort brannten sich uns ins Gedächtnis. Nur wenige Wochen später, zurück in Berlin, sahen wir beides in den Fernsehnachrichten wieder. Am 18. März 2015 drangen Terroristen ins Bardo ein und nahmen die Museumsbesucher als Geiseln. Einige der Geiseln verschickten Fotos über Twitter; man sah verängstigte Menschen auf dem Boden kauern. Sofort erkannte ich die Räume wieder, in denen wir gerade erst die Gemälde bestaunt hatten. 22 Geiseln wurden an diesem Tag getötet.

Wie sich herausstellte, war einer der Attentäter Student in Tunis gewesen, ein junger Mensch wie die, an die ich meine Rede gerichtet hatte. Es wäre nicht mal unmöglich, dass dieser junge Mann im Publikum gesessen hat. In meiner Rede sagte ich: »Wer, wenn nicht Sie, kann Vorurteile abbauen und entschieden dagegenhalten, wenn Feindbilder geschürt werden? Sie, Ihre Generation, kann dafür sorgen, dass Tunesien, das schon eine geographische Brücke zwischen Europa und der arabischen Welt ist, auch eine Brücke der Verständigung wird!«

Sehe ich das anders, nach dem Anschlag und weiteren Anschlägen, die noch folgten? Gibt es noch Hoffnung? In erbitterten und vertrackten Konflikten wie in jener Region ist Hoffnung die falsche Kategorie. Was für Menschen unerträglich ist, kann nicht so bleiben. Und weil es nicht so bleiben darf, müssen wir unsere Bemühungen gerade dann steigern, wenn das Ziel in größere Ferne zu rücken droht. Die Welt zu einem besseren Ort zu machen ist für viele eben keine wohlfeile Formel, sondern Überlebensfrage. Niemand kann einen solchen Anspruch alleine schultern, auch wir können das nicht! Aber dass wir Deutschen mit unseren Möglichkeiten daran mitwirken, darauf setzen sehr viele, gerade in dieser konfliktbeladenen Region. Dieser Verantwortung dürfen wir uns nicht entziehen.

Im Bardo-Nationalmuseum, Tunis, Januar 2015

Studierende an der Universität El-Manar, Tunis, Januar 2015

Mit den Amtskollegen aus Iran und Saudi-Arabien am Rande der Syrien-Gespräche in Wien, November 2015

WIDER DIE EINFACHEN ANTWORTEN

24. Januar 2015
Universität von Tunis El-Manar

Ich wünschte, ich hätte frohe Botschaften im Reisegepäck! Doch mein Besuch in Tunesien ist, wie die allermeisten meiner Reisen zurzeit, geprägt von den vielen Krisen und Konflikten, die uns zu schaffen machen auf dieser Welt. Ja, unsere Welt kann einem Angst einjagen! Das empfinde ich als Außenminister nicht anders als junge Menschen. Krisen und Gewalt wüten allerorten: in Ihrer Nachbarschaft – in Libyen, Syrien und im Irak – und auch bei uns in Europa. Der Konflikt in der Ukraine hält Europa seit Monaten in Atem, und vor wenigen Wochen, gleich zu Beginn des Jahres 2015, hat eine Serie von brutalen, islamistisch motivierten Attentaten unsere Freunde und Nachbarn mitten im Herzen von Paris heimgesucht. Unter den Opfern waren auch drei Tunesier.

Ja, die Welt kann einem Angst einjagen, und die Zukunft ist ungewiss. In dieser unübersichtlichen Welt ringen junge Menschen mit ganz besonders schwierigen Fragen. Sie fragen sich: Wie wird die Welt aussehen, in die ich aufbreche? Wenn ich eine Familie gründe, wird sie in Frieden leben können? Wo soll ich einen Job finden? Was kann ich heute tun, damit ich morgen eine gute Perspektive habe? Das sind Fragen, die stellen Sie sich hier in Tunis genauso oft und genauso dringlich wie junge Menschen in Berlin oder Dresden oder Rom.

Weil diese Fragen so schwierig sind, sehnen wir uns nach einfachen Antworten! Auch ich selber kenne diese Sehnsucht aus meiner Arbeit als Außenminister. Nach so manchem zermürbenden, nervenaufreibenden Ukraine-Krisengespräch der letzten Tage und Wochen sehne ich mich nach klaren, einfachen Antworten. Wie schön, wenn es die gäbe! Doch die Wahrheit ist: Es gibt sie nicht.

Leider mangelt es nicht an Demagogen, die uns einfache Antworten vorgaukeln. Wenn ein junger Mensch nach Orientierung sucht, wenn er sich bedroht fühlt von dieser unübersichtlichen Welt und fragt: »Was ist meine Perspektive für die Zukunft?«, dann locken viele einfache, drastische Antworten – sie locken junge Menschen hier in Tunis oder in Berlin oder in Dresden und ganz besonders in den Untiefen des Internets.

Manche rufen: »Die Politiker sind an allem schuld. Sie ruinieren unser Land.« Manche rufen, besonders laut auf einigen deutschen Plätzen: »Die Medien sind schuld. Sie lügen uns an.« Leider rufen auch manche auf deutschen Plätzen: »Die Muslime sind schuld. Sie haben bei uns in Europa nichts verloren!« Und dann gibt es islamistische Demagogen, die rufen: »Die Ungläubigen sind schuld. Sie müssen wir bekämpfen!«

Es ist, auch für mich persönlich, erschütternd, dass viele junge Menschen ihre Ohren öffnen für diese Lockrufe. Im allerschlimmsten Fall öffnen sie sogar ihre Herzen und folgen den Rufen in Radikalisierung und in Gewalt.

Alle diese Lockrufe haben eines gemeinsam: »Die Anderen sind schuld!« Das ist der Kern der einfachen Antworten: Es ist der Lockruf der Feindbilder. Doch Feindbilder sind genauso falsch wie gefährlich. Sie passen nicht in diese Welt, in der fast alles zusammenhängt und nur wenig schwarzweiß ist. Deshalb finde ich: Wer mit Religion Feindbilder schafft, liegt genauso falsch wie diejenigen, die gegen Religion Feindbilder schaffen! Wer mit Religion aufhetzt, tut genauso übel wie diejenigen, die gegen Religion aufhetzen!

Feindbilder sind Strohfeuer – so hat es der Psychologe Dan Bar-On in seinem Buch *Die »Anderen« in uns* gesagt. Das Strohfeuer ist grell und lodert hoch auf. Es mag den Menschen zwar kurzfristig aufheizen, aber langfristig setzt es das eigene Haus in Brand!

Mein Feld ist die Außenpolitik. Hier müssen wir uns vor Selbstüberschätzung hüten. In Zeiten von globalen Krisen erst recht. Auch ich, auch mein Land kennt nicht die Antwort auf alle Fragen und Konflikte dieser Welt. Aber eines weiß ich trotz aller Demut: Schwarz oder weiß ist die Welt an den wenigsten Stellen – meistens verschwimmt sie in Graustufen.

Nehmen Sie das Beispiel des sogenannten Arabischen Frühlings in dieser Region. Die Analyse dessen, was in einem Land geschehen ist, passt schon nicht mehr auf das nächste. Was vor vier Jahren in Tunesien als Auflehnung eines jungen Freiheitsdrangs gegen ein altes, autoritäres Regime seinen Anfang nahm, war gewiss nicht – besonders über die Jahre hinweg – dasselbe Muster wie im syrischen Bürgerkrieg, der heute von einem brutalen regionalen Stellvertreterkonflikt überlagert wird. Doch wer die Welt durch krude Schablonen erklärt, der wird nur krude Antworten geben können. Mir persönlich ist über die vielen Jahre, die ich in der Politik verbracht habe, ein Prinzip immer deutlicher geworden: Hüte dich vor einfachen Antworten!

Ich glaube sogar: Religion ermuntert uns dazu! Religion, die in öffentlichen Debatten viel zu oft zum Polarisieren missbraucht wird, lehrt uns in meinen Augen das genaue Gegenteil: nämlich Toleranz gegenüber dem Ungewissen; das Andersartige aushalten – und eben nicht radikale, verkürzte Antworten! Schließlich heißt es doch im Koran genau wie in der Bibel: Gott hat die Welt und die Menschen in Vielfalt erschaffen – und in dieser Vielfalt haben wir sie zu achten. Im Arabischen, so habe ich es mir erklären lassen, kommt das im Begriff *Tassāmuch* zum Ausdruck. Im Christentum hat Petrus in seinem ersten

Brief die Achtung vor der Andersartigkeit auf eine knappe Formel gebracht: »Ehre jedermann!«

Hüte dich vor einfachen Antworten!, soll also mein Leitgedanke sein, wenn ich heute über die kleinen und großen Fragen der Politik diskutiere – oder vielmehr über die schwierigen und die ganz schwierigen.

Fangen wir an mit den handfesten Fragen, die Sie alle sich stellen: Wie finde ich einen Job nach der Uni? Wie schaffen die Länder Nordafrikas mehr Arbeit und Wachstum? Die Wahrheit ist: Rund ums Mittelmeer ist die Arbeitslosigkeit viel zu hoch, gerade die Jugendarbeitslosigkeit unter Akademikern. Nicht nur hier in Tunesien, in ganz Nordafrika und auch im Süden Europas. Jeder dritte Jugendliche in den Ländern rund um unser gemeinsames Mittelmeer ist ohne Arbeit. Das ist eine Tragödie, und wie so oft müssen viele mithelfen, um sie zu beenden.

Erstens: Es braucht Investitionen. Tunesien hat seit den sechziger Jahren viele ausländische Investoren angelockt. Die größte Chance für Investitionen ist die Nähe zu Europa – und durch das Assoziationsabkommen mit der EU können Sie diese Chancen noch besser ausschöpfen. Allein aus Deutschland wurden bislang rund 300 Millionen Euro in Tunesien investiert. Einige Vertreter dieser deutschen Firmen sitzen in diesem Saal. Sie sind hier, weil sie Tunesien auch weiterhin für ein Land halten, wo sich Investitionen lohnen.

Doch, zweitens, Investitionen kommen nur, wenn die Rahmenbedingungen stimmen: Rechtssicherheit, transparente Ausschreibungen, effiziente Verwaltung, ein funktionierendes Bankensystem. All das werden Sie, all das dürfen Sie von Ihrer neuen Regierung erwarten.

Und drittens kommt es auf Sie an! Ideen müssen her: Ideen für neue Produkte und Projekte; und Ausdauer und harte Arbeit, um sie zu verwirklichen. Woher soll all das kommen, wenn nicht von Ihnen? Es gibt schon junge Leute hier in Tunis, die kleine IT-Start-ups gegründet und Jobs für ihre Mitstudenten geschaffen haben. Ich habe zum Beispiel von einer Software gehört, die junge Leute hier entwickelt haben, mit der man aus der Ferne medizinische Diagnosen erstellen kann. Eine super Idee! Ich bin sicher: Noch viel mehr gute Ideen schlummern in diesem Saal. Tun Sie sich mit Freunden zusammen, gründen Sie eine kleine Firma, und vielleicht können wir im deutsch-tunesischen Verhältnis sogar helfen: Wir fördern die Gründung von IT-Start-ups und ihre Vernetzung mit deutschen IT-Unternehmen.

Viele hier in Tunis fragen mich: »Wie macht ihr Deutschen das eigentlich mit eurer starken Wirtschaft?« Ich erinnere mich noch genau: Vor zehn Jahren hätte das kein Mensch gefragt! Deutschland war in einer schweren Wirtschaftskrise. »Der kranke Mann von Europa« wurde über uns geschrieben. Auch damals gab es keine Abkürzungen auf dem Weg der Erholung, sondern das war anstrengend. Wir haben Reformen durchgeführt, die nicht allen gefallen haben. Alle mussten beitragen: Politik, Unternehmen und Arbeitnehmer – und die Früchte dieser Reformen ernten wir heute. Damit wir diese und andere Erfahrungen zwischen Deutschland und Tunesien austauschen können, verbindet uns seit mehr als drei Jahren eine Transformationspartnerschaft.

Mein zweites Thema ist ebenso existentiell: die Sicherheit. Die Anschläge von Paris haben erneut gezeigt, dass wohl kein Ort der Welt sicher ist vor der terroristischen Bedrohung. Zu Recht hat der UN-Sicherheitsrat die Terrorgruppe ISIS als weltweite Gefahr eingestuft. Aber gleichzeitig wissen auch wir in Europa, dass niemand so furchtbar heimgesucht ist vom Terrorismus wie die islamische Welt selbst! Die Zahlen sprechen eine klare Sprache: Über 80 Prozent der Menschen, die in den letzten Jahren dem islamistischen Terror zum Opfer gefallen sind, sind Muslime.

Es steht also außer Frage: Der islamistische Terror ist unser gemeinsamer Feind – und wir sollten kein Treffen zwischen arabischen und europäischen Staaten vergehen lassen, bei dem wir nicht auch beraten, wie wir gemeinsam gegen diesen Feind vorgehen. Das heißt zum Beispiel die bessere Zusammenarbeit unserer Sicherheitsbehörden, der Austausch von Informationen, die Sicherung der Grenzen.

Das alles ist notwendig, und doch gilt auch beim Thema Sicherheit: Einfache und schnelle Antworten gibt es nicht. Am Ende ist nur eine Gesellschaft sicher, die im Inneren stabil ist. Das heißt, dass es friedliche Wege geben muss, um Spannungen in der Gesellschaft zu ertragen und auszutragen; das heißt, dass Straftäter mit den Mitteln und in den Grenzen des Rechtsstaats verfolgt werden. Und das heißt, dass die Bürger Vertrauen in diejenigen haben müssen, die mit ihrer Sicherheit beauftragt sind – Polizei, Militär, Justiz – und dass diese das Vertrauen auch rechtfertigen müssen.

Schauen wir auf das konkrete Thema der *»Foreign Fighters«*. Die Bedrohung ist immens – für Tunesien und für Deutschland, für den Maghreb und für Europa. Das schiere Ausmaß ist erschreckend. Wir gehen davon aus, dass allein aus Deutschland über 500 und aus Tunesien über 2000 Islamisten in die Kampfgebiete in Syrien und im Irak gereist sind. Deshalb müssen wir alles tun und zusammenarbeiten, um gegen diese Gefahr anzugehen, insbesondere nach Rückkehr der *Fighters*. Deshalb ist die Zusammenarbeit unserer Sicherheitsbehörden wichtig. Aber all das wird nicht ausreichen. Egal, wie viel Geld und Aufwand wir in den Sicherheitsapparat investieren: Nicht jeden radikalisierten oder gefährdeten Bürger werden wir überwachen können.

Deshalb müssen wir uns als Gesellschaften die viel schwierigere Frage stellen: Wie kann es sein, dass so viele junge Menschen, die mitten unter uns aufgewachsen sind, von den Hasspredigern in ihren Bann gezogen werden? Und vor allem: Wie kriegen wir diese jungen Menschen zurück in die Mitte der Gesellschaft? Auch über diese schwierigen Fragen müssen unsere Länder ins Gespräch kommen, und deswegen ist der interkulturelle und interreligiöse Dialog so wichtig, wie ihn zum Beispiel die Goethe-Institute fördern oder die Anna-Lindh-Stiftung in Alexandria betreibt.

Deshalb können wir letzten Endes über Sicherheit nicht sprechen, ohne über das Herz der Gesellschaft zu sprechen: über Demokratie und Zivilgesellschaft. Bei allen Problemen und schwierigen Fragen, die wir heute diskutieren, ist es mir wichtig, auch eine positive Botschaft loszuwerden. Wir Deutschen gratulieren allen Tunesierinnen und Tunesiern zu dem Weg, den ihr Land in den vergangenen Jahren beschritten hat auf dem Weg in die Demokratie. Nur vier Jahre nachdem die Revolution begann, haben Sie alle gemeinsam etwas Bemerkenswertes geschafft: Sie haben sich eine moderne Verfassung gegeben und zum ersten Mal in der Geschichte Ihres Landes einen Staatspräsidenten in freien und fairen Wahlen selbst bestimmt. Darauf können Sie stolz sein! Das strahlt aus in die ganze Region!

Jetzt stehen Sie kurz vor der Bildung einer neuen Regierung, die sich von der Mehrheit des gewählten Parlaments bestätigen lassen muss. Ich weiß nur zu gut aus unserer eigenen Demokratie, wie schwer und mühsam es ist, Koalitionen zu bilden und die richtigen Partner dafür zu finden. Wie groß sind die inhaltlichen Schnittmengen einerseits? Und andererseits: Wie findet sich eine stabile Mehrheit, die die Kraft besitzt, auch unpopuläre Entscheidungen zu treffen? Vor diesen Fragen stehen jetzt Ihre Volksvertreter, und ich bin sicher, sie werden sie verantwortungsvoll beantworten.

Die wahren, die schwierigen Fragen liegen auch hier eine Ebene tiefer. Denn die formellen Strukturen einer Demokratie – Parlament, Regierung, öffentliche Behörden – sind nur das eine. Sie sind sozusagen das Skelett einer Demokratie. Doch auf das Fleisch und Blut kommt es an! Wirklich lebendig ist eine Demokratie erst, wenn jeder junge Mensch, jeder einzelne von Ihnen in diesem Saal das Gefühl hat dazuzugehören, gehört zu werden, mitmachen zu können. Erst wenn junge Menschen sich in der Mitte der Demokratie aufgehoben fühlen, dann werden sie immun gegen die Lockrufe der Radikalen, die Lockrufe der Feindbilder. Die Demokratie ist nicht nur eine Staatsform. Sie ist ein Lebensprinzip. Und wie sie von der Staatsform zum Lebensprinzip wird, dafür gibt es kein Patentrezept, sondern diesen Weg muss jedes Land für sich selbst finden. Er bleibt immer ein Stück weit Suche, ein Stück weit »*Trial and Error*« – für eine blutjunge Demokratie wie Tunesien genauso wie für eine noch ziemlich junge Demokratie wie das wiedervereinte Deutschland.

Ich will ein Beispiel geben: demokratische Wahlen. Das allgemeine Wahlrecht bleibt leblos, wenn man nicht wählen geht. Als ich selbst als Teenager zum ersten Mal eine Wahl in Deutschland verfolgt habe, da wusste ich nicht so recht, wozu das alles gut ist. Doch in dieser Wahl stimmten viele junge Menschen für einen Mann, der dann Bundeskanzler wurde und der als Kanzler einen wahren Bildungsaufbruch für junge Menschen zustande brachte. Diesem Aufbruch verdanke ich, dass ich als Erster in meiner Familie und als einer der Ersten in meinem ganzen Dorf eine Universität besuchen durfte. Wegen dieser Erfahrungen sage ich heute zu jungen Menschen in meinem Land: »Geht wählen!« Aber ich sage es auch zu Ihnen: »Geht wählen! Kümmert euch um eure Demokratie, dann kümmert sie sich um euch!«

Es geht nicht nur um Wahlen. Es geht um Teilhabe. Es geht zum Beispiel darum, dass ein junger Mann aus Gafsa spürt, dass er durch sein Engagement die Gesellschaft verändern kann – und dass das nicht nur die Eliten in der Hauptstadt und an der Küste können. Das ist Demokratie: Ihr selbst, nicht nur »die da oben« habt euer Schicksal in der Hand!

Es geht um Chancengleichheit von Männern und Frauen.

Ein Drittel der Abgeordneten in Ihrem neuen Parlament sind Frauen – das ist mehr als in so manchem europäischen Land, und das ist eine echte Stärke für Ihr Land, die Sie ausbauen sollten.

Es geht um Kommunikation. Jeder Mensch will gesehen und gehört werden – besonders junge Menschen. Denn Sie alle haben Fragen und Sorgen und Sie wollen, dass diese Fragen ankommen im Ohr der Mächtigen! Und wenn Sie Ihre Fragen und Sorgen aussprechen oder aufschreiben oder bloggen, dann wollen Sie sicher sein, dass Sie dafür nicht bestraft werden.

Und am Ende geht es um ein Ziel, das im Innern der Gesellschaft genauso wichtig ist wie in der Außenpolitik: Es geht um Verständigung. Wenn bei uns in Deutschland über den Islam diskutiert wird, dann denke ich oft: Wir wissen viel zu wenig voneinander! Wie sollen wir uns da verständigen?

Vor drei Monaten habe ich in einem arabischen Land eine kluge Frau getroffen, die hat mir eine kleine Anekdote erzählt. Sie sagte: »Arabische Frauen denken: Europäische Frauen gehen im Bikini zur Arbeit und brennen mit dem Chef durch. Europäische Frauen denken: Arabische Frauen müssen ihr ganzes Leben mit Mann und Kamel durch die Wüste ziehen – aber erst kommt das Kamel und 10 Meter dahinter die Frau.« Die Frau hatte natürlich recht, als sie am Ende sagte: »Beides ist totaler Unsinn!« Deshalb wünsche ich mir für mein eigenes Land und für die arabische Welt mehr Austausch! Wir brauchen mehr Sprachkenntnisse, mehr Wissen voneinander, mehr Dialog miteinander. Die Kontakte zu jenen zu kappen, deren Ansichten oder Normen wir nicht teilen, ist zwar die einfachere, aber die falsche Antwort.

Und, liebe Studierende: Wer, wenn nicht Sie, kann das in die Tat umsetzen? Wer, wenn nicht Sie, kann Vorurteile abbauen und entschieden dagegenhalten, wenn Feindbilder geschürt werden? Sie, Ihre Generation, können dafür sorgen, dass

Tunesien, das schon eine geographische Brücke zwischen Europa und der arabischen Welt ist, auch eine Brücke der Verständigung wird. Wo wir Begegnung und Austausch politisch unterstützen können, tun wir es gerne. Es gibt das Erasmus-Programm der EU, es gibt den Deutschen Akademischen Austauschdienst, es gibt eine Vielzahl weiterer Austauschprogramme. Im Rahmen unserer Transformationspartnerschaft haben wir zum Beispiel hundert junge Tunesierinnen und Tunesier mit einer Ingenieursausbildung nach Deutschland geholt, damit sie dort Firmenpraktika machen konnten. Manche bleiben, viele gehen zurück nach Hause und nutzen das Erlernte hier in Tunesien. Wenn Sie das interessiert, dann bewerben Sie sich!

Ganz zuletzt komme ich zur schwierigsten der schwierigen Fragen: zur Religion und dem Verhältnis von Religion und Demokratie. Diese Frage ist die schwierigste, aber auch die wichtigste.

Sie ist wichtig für Sie, die jungen Menschen in Tunesien und in der ganzen arabischen Welt. Nach der Aufbruchsstimmung des Arabischen Frühlings kommt es jetzt auf den Beweis im Alltag an: dass jeder von Ihnen frei leben kann als guter Demokrat und als guter Muslim! Dass diejenigen unrecht haben, die sagen: »Demokratie – das ist eine Erfindung des Westens, die nicht zu uns Muslimen passt.«

Diese Frage ist wichtig für Sie, aber auch für uns in Europa. Denn während die muslimische Bevölkerung in Europa stetig anwächst, fangen immer mehr Menschen an zu zweifeln, ob Islam und Demokratie eigentlich zusammenpassen. Eine aktuelle Umfrage der Bertelsmann-Stiftung hat mir sehr zu denken gegeben: Über 60 Prozent der Deutschen denken, dass der Islam nicht in die westliche Welt passt. Und warum zweifeln viele Menschen so? Weil sie den Beweis in der arabischen Welt noch nicht gesehen haben. Weil sie aus der Region meist nur Bilder von Krisen und Konflikten sehen. Und vor allem weil unsere Debatte polarisiert ist: als müsse die Demokratie sich vor dem Islam hüten und der Islam vor der Demokratie!

Ich widerspreche dem, denn ich bin sicher: Es gibt eine Demokratie, die dem Islam Raum gibt, und es gibt einen Islam, der der Demokratie Raum gibt! Auf diesen Weg hat sich Tunesien gemacht! Lange wurde darum gerungen. Und heute, seit genau einem Jahr, steht klipp und klar in der Tunesischen Verfassung: »Artikel 1: Tunesien ist ein freier, unabhängiger, souveräner Staat; seine Religion ist der Islam, seine Sprache ist Arabisch, seine Staatsordnung die Republik.« Das ist der Beweis im Recht – jetzt muss er im Alltag ankommen!

Ich persönlich glaube, dass Religion sich mit dem Alltag der Demokratie nicht nur vertragen, sondern dass sie – richtig verstanden – ihn sogar fördern kann! Ein kluger Mann in meinem Land, ein Richter am Bundesverfassungsgericht, hat einmal gesagt: »Der Staat lebt von Voraussetzungen, die er selbst nicht schaffen kann.« Demokratie braucht einen ethischen Nährboden – und Religion kann ihn bereiten helfen.

Das ist ein schwieriger Pfad, und ich kann ihn nicht voraussagen. Schon gar nicht kann ich mir anmaßen, zu sagen, wie ein Muslim seinen Glauben in der Zivilgesellschaft zu leben hat. Aber vielleicht darf ich den Außenministerhut am Ende einmal zur Seite legen und etwas ganz Persönliches sagen. Auch ich selbst lebe meinen Glauben. Ich bin Christ und bin in der protestantischen Kirche aktiv. Natürlich hat mein Christsein mit meinem Handeln in der Gesellschaft zu tun: Meine Religion gebe ich ja nicht an der Garderobe ab, wenn ich morgens in mein Büro gehe.

Im Koran heißt es an einer Stelle: *»Ma ja'ala allahu li ràjulin min kalbain fi jaufihi«*, auf Deutsch: »Gott hat dem Menschen nicht zwei Herzen in die Brust gelegt, sondern eines.« Mein Glaube inspiriert mein Handeln, im privaten wie im öffentlichen Raum. Aber: Mein Glaube darf nicht selbst zum Gegenstand der Politik werden, und schon gar nicht zum Instrument gegen Andersgläubige. Deswegen sagt Petrus in der Bibel: »Ehre jedermann.« – das heißt alle, nicht nur die Christen.

Etwas ganz Ähnliches hat mir ein muslimischer Bekannter aus Frankfurt erzählt und ein Wort von Muhammed zitiert: »Du suchst Gott? Dann geh zu den Menschen und nicht in die Wüste!«

So gesehen ist eine Moschee, eine Kirche oder eine Synagoge – ob in Frankfurt, ob in Tunis – eben nicht nur für ihre Gläubigen da, sondern für das Wohl des ganzen Stadtteils. So gesehen kann Religion, wenn sie nicht ausgrenzt und abschottet, die Gesellschaft stärker machen.

Ich habe zu Beginn von den schwierigen Fragen erzählt, die junge Menschen stellen. Ich habe gesagt: Einfache Antworten gibt es nicht. Jetzt am Ende fragen Sie mich vielleicht zurück: Aber was sind denn nun die richtigen, die nicht einfachen Antworten?

Sorry, aber in Wahrheit habe auch ich sie nicht. *Sie* haben diese Antworten! Da treffen sich Religion und Demokratie: im Glauben, dass jeder einzelne Mensch die Freiheit zum guten Handeln hat. Da treffen sich auch Christentum und Islam: im Glauben, dass Gott jedem Menschen sein Vertrauen schenkt. »Fürchtet euch nicht!«, und: »Erhebt euch nicht über andere!«, heißt es in der Bibel. Deshalb war meine Rede nicht nur dazu da, Sie vor den einfachen Antworten zu warnen, sondern Ihnen Mut zu machen. Machen Sie sich auf die Suche nach den schwierigen Antworten! Denn vieles in dieser Welt hängt davon ab, dass Ihnen das gelingt!

SCHLUSSWORT

»Ausblick« heißt in der Regel das Schlusskapitel eines politischen Buches. In einem außenpolitischen Buch allerdings kann ich guten Gewissens keinen Ausblick geben, erst recht nicht in diesen stürmischen Zeiten. Niemand, auch kein Außenminister, weiß, wie unsere Welt in zwanzig Jahren aussehen wird. Stattdessen will ich über Haltung sprechen. Denn wie unwägbar die politische Zukunft auch sein mag, es wird, so oder so, auf eine deutsche Außenpolitik ankommen, die mit festen Werten und der Bereitschaft zur Verständigung, mit Realismus und Beharrlichkeit in diese unübersichtliche Welt hineinwirkt.

Kurz vor Weihnachten 2014 erhielt ich einen Brief, der mich bewegt hat. »Sehr geehrter Herr Dr. Steinmeier,« stand darin, »unsere Kinder haben das Recht auf Zukunft! Sie sollen in der Schule lernen, wo es warm ist. Auf keinen Fall hören wir mit dem Unterricht auf. Jeden Tag haben unsere Schüler nur drei Stunden, weil es noch nicht warm genug im Schulgebäude ist. Das Kollegium hat sich entschieden, das Weihnachtsfest trotz allem in der Schule zu feiern, weil unsere Kinder auch lachen, tanzen, singen wollen.«

Und so endete der Brief: »Wir hoffen, dass das neue Jahr für alle friedlich wird. Mit freundlichen Grüßen, Tetyana Prystupa,

Schulleiterin der Mittelschule Nr. 19. Donezk, den 12. Dezember 2014.«

Donezk ist eine Industriestadt, die Hauptstadt eines Kohlereviers, und liegt mitten in den umkämpften Gebieten der Ostukraine. Im Stadtgebiet von Donezk gab es 2014 heftige Gefechte zwischen pro-russischen Separatisten und ukrainischem Militär. Die Mittelschule Nr. 19 wurde mehrfach getroffen. Fast alle Fenster und Türen wurden zerstört. Doch die Kinder wollten weiterlernen. Nachdem mir Frau Prystupa geschrieben hatte, trieben wir im Auswärtigen Amt gemeinsam mit unserem Generalkonsulat in Donezk die notwendigen Gelder auf, suchten Handwerksunternehmen vor Ort, und bis Ende Januar 2015 waren 125 Fenster und 19 Türen der Mittelschule Nr. 19 repariert. Die Weihnachtsfeier fand statt.

Außenpolitik ist nichts Abgehobenes. Es geht nicht um rote Teppiche, nicht um Züge auf dem geopolitischen Schachbrett, sondern es geht um Menschen; um ihr Leben, oft um ihr Leiden. Manchmal ist Außenpolitik nicht mehr und nicht weniger als das: zerschossene Schulfenster zu reparieren! Doch leider ist das nicht das Ende der Geschichte. Einige Wochen später erhielt ich noch mal Post von Frau Prystupa: wieder Granatbeschuss, wieder Schäden. Am 9. Februar, kurz nachdem das letzte der 125 Fenster eingesetzt war, wurde das Schulgebäude erneut getroffen, schrieb sie mir. Ein großes Loch klaffte im Dach des Arztzimmers. Wieder waren Dutzende Fenster zerstört. Und was haben wir getan? Wir haben neue Fenster und neue Türen gebaut. Zum zweiten Mal.

Ich finde, die Geschichte ist sinnbildlich für Haltung in der Außenpolitik. Beharrlichkeit zählt. Fortschritte sind unendlich mühsam, und Rückschritte unvermeidlich, manchmal sogar vorhersehbar. Doch Aufgeben kann keine Option sein! Denn was wäre die Alternative gewesen? Nicht noch mal das Risiko von Zerstörung eingehen? Die Schule schließen und damit einer jungen Generation im Krisengebiet die Hoffnungslosigkeit praktisch schon ins Gepäck mitgeben? Anfang September 2015 hat die Mittelschule Nummer 19 ihren regulären Betrieb wieder aufgenommen.

»Auch wenn unser Beitrag klein, manchmal zu klein scheint«, schreibt Dorothee Sölle in *Den Rhythmus des Lebens spüren*, »wir dürfen uns nicht von der Ohnmacht überwältigen lassen!« Fatalismus ist keine Haltung für die Außenpolitik. Denen, die die Herausforderungen der Außenpolitik am liebsten in Kategorien der Endgültigkeit erklären – die Konfrontation zwischen Russland und dem Westen etwa oder die Ungleichheit zwischen dem globalen Norden und Süden –, denen müssen wir immer wieder entgegenhalten: Es muss nicht so sein, und es darf nicht so bleiben. Der Theologe und Politiker Thomas Sternberg erzählte kürzlich in einer Rede von einem alten Gemälde. Es hängt in einer Augsburger Wallfahrtskirche und zeigt eine ungewöhnliche Darstellung der Muttergottes, die »Maria Knotenlöserin« genannt wird. Auf dem Bild sieht man Maria, wie sie mit stoischer Miene ein Band voller Knoten aufdröselt. So ist Außenpolitik. Kurzer Prozess, einfach mit einem Schwert durchschlagen, so wie Alexander der Große es mit dem Gordischen Knoten gemacht hat, geht fast nie. Tatenlosigkeit ist ebenso keine Option. Wir müssen geduldige Knotenlöser sein und möglichst viele zum Mitdröseln ermuntern.

DANKSAGUNG

Inmitten meiner Tätigkeit als Außenminister, inmitten der Atemlosigkeit von Krisen und Konflikten ein solches Buchprojekt zu stemmen war nicht einfach. Aber es war mir wichtig. Nun ist daraus ein brandaktueller Werkstattbericht aus der Außenpolitik geworden, an dem viele mitgeholfen haben. Ich danke insbesondere meinem wunderbaren Mitarbeiter Wolfgang Silbermann für Konzeption und Durchführung dieses ehrgeizigen Projekts. Ein herzlicher Dank gilt dem Autor Nicol Ljubic, der uns mit großem Talent und Einfühlungsvermögen beim Schreiben unterstützt hat. Ich danke der Literaturagentin Karin Graf für ihre erfahrene Begleitung und Julika Jänicke und Bettina Eltner vom Ullstein Verlag für die hervorragende Zusammenarbeit. Dem Team der Agentur photothek verdankt dieses Buch die schönen Fotos aus vielen Jahren gemeinsamer Arbeit.

Nicht zuletzt danke ich allen aktuellen und ehemaligen Mitarbeiterinnen und Mitarbeitern, Kolleginnen und Kollegen, mit denen ich über die Jahre zusammenarbeiten durfte und die ihre Erinnerungen an gemeinsame Erlebnisse in dieses Buch eingebracht haben. Ich bin froh und dankbar, so viele kluge und engagierte Menschen meine Weggefährten nennen zu dürfen.

Die Erlöse aus dem Verkauf dieses Buches gehen an die »Aktion Deutschland Hilft« und kommen der Unterstützung syrischer Flüchtlinge im Libanon und in Jordanien zugute.